JN022052

シンキングツールで
授業を変える！

わくわく
パフォーマンス
課題づくり

  版　　立石俊夫 著

明治図書

はじめに

　私が公立中学校社会科教師を始めたのは，今からもう40年近く前のことになりました。海辺の小さな中学校で教師生活をスタートさせた私は，どのような授業を行えばいいのかわからず，毎日手探りで授業したのを覚えています。その小さな中学校には社会科教師は私しかいなかったのです。大学を出たばかりの初任者の私は毎晩，毎晩，明日の3学年分の授業を作っていました。

　あの頃はパソコンなどはなく，公文書などは，大きく重たい和文タイプライターで作成していました。むろんテストやワークシート，学級通信は手書きです。それを謄写ファックス製版機の回転ドラムに巻き付けて原紙を完成させ，さらに印刷機にかけて……もう今の先生方には想像もつかないことだと思います。ビデオカメラさえなかったのですから。

　あれから40年，私が定年退職した2020年には教育環境は大きく変わりました。コロナ禍で加速されたGIGAスクール構想の導入もあって，生徒1人に1台の端末や高速インターネットの整備など，40年前には想像もできなかった新しい授業が可能になりました。

　私もその流れに乗って，教師生活最後のわずか10年で，今のような授業をいろいろなツールを活用しながら実践するようになってきました。あの頃の自分に教えてあげたい気持ちです。

　本書は，そのわずか10年間の実践記録です。ですから逆に今から教師生活を始めようとする先生，今まさに中堅教師として活躍している先生，これからの新しい教育と授業を進める担い手となるベテランの先生方に，ぜひお読みいただきたいと思います。

　ロイロノートに出会って8年。全国で模擬授業を行ったり，昨今はオンラインで，先生方や生徒さんたちに，お話をさせていただく機会をいただいています。その中で，本書に掲載したシンキングツールやパフォーマンス課題の授業を行ってきました。

　ですから私は自信を持って言えることがあります。「50歳からでも始められます。始めるのに遅いということはありません。そこに意志があるかどうかだけです。その意志も最初から完璧でなくても，やっていれば次第に強固になっていくものです。まず自分がワクワクする授業を想像してみましょう。40年前では不可能な授業も現代では可能になっているのです」

　本書を最後までお読みになった方にお約束します。きっとあなたは，

①ワクワクするようなパフォーマンス課題をつくりたくなります。

②シンキングツールを活用するための課題づくりをマスターすることができます。

③ロイロノート・スクールをもっといろいろな場面で活用したくなります。

④この一冊で，パフォーマンス課題，シンキングツール，ロイロノートの3つのアイテムを授業に活かす方法を身に付けて，それを誰かに話したくなります。

　ぜひ「生徒も先生もワクワクするような新しい授業」のために，お役立てください。

立石俊夫

本書で使用したロイロノートは，ダウンロードできます。ロイロノートを使ったことがない方は以下の①，②の手順で，まずアカウントを作成してください。その他の方は③よりダウンロードしてください。

① iPad，iPhone，Android スマートフォンならロイロノート・スクールアプリをダウンロードします。
　PC なら Google Chrome または Microsoft Edge の Web サイトから「ロイロノート　ログイン」で検索してください。
② ログインするためにアカウントの発行が必要になります。教職員の方であれば無料で発行できますので，ロイロ社の HP より手続きを行ってください。
③ 下記のサイトに本書のロイロノートは，ノート型式で保存しています。どちらかのサイトから iPad や PC にダウンロードしてください。

　　　　・LoiLOita　LEGOita Web サイト　　　　　　　・LEG ロイロ Web サイト

④ ご自身のロイロノートを開いて，授業を選択し，ノート作成の画面で，右上の三点マークよりインポートを選択。ダウンロードしたノート型式のフォルダをインポートしてください。ノートが作成されますので本書を読みながら，ご覧ください。

CONTENTS

第③章 ここまでいこう！
フルスペックわくわくパフォーマンス課題

第1章

これからすべての授業に必要不可欠なツール活用と課題づくり

1 ロイロノート・スクール版 シンキングツールの活用

① GIGAスクール元年とロイロノート・スクール

2020年に始まったコロナ禍により，私たちの生活は大きく変わってしまいました。昨日まで当然だったことが，突然今日からできなくなり，「緊急事態」や「自粛」という言葉が，日常生活で当たり前に使われるようになりました。それは2年経った今も続いている「大きく，周期の長い変化」です。

このような社会的変化は，それまでの学校教育の方法や方向性にも大きな変化をもたらすことになりました。その結果，例えばオンライン授業も生まれ，学ぶ場所も選ばない教育が出現しました。さらにGIGAスクール構想が前倒しされた結果，諸外国と比較して脆弱だと言われてきたICT教育環境も一気に進展し，生徒1人1台端末の導入や高速インターネットの整備が全国の自治体で実施されました。

本書の中心アイテムとなるロイロノート・スクール（以下，ロイロノート）は株式会社LoiLoが開発したクラウド型授業支援ツールで，インターネットに接続されたオンラインで使われる優れたツールです。このロイロノートもGIGAスクール開始以前2019年12月と比べて，2022年2月ではその利用者数が20倍になり，1日に約200万人が利用するまでになっています。この数字は日本の小学生から高校生までの児童・生徒，教員数の合計約1300万人のうちの15％にあたる数字です（㈱LoiLo調べ）。

コロナ禍で生まれた数多くの「負の遺産」の前に私たちは，ともすれば絶望感を感じてしまうこともありますが，教育者としては，今という時代を「教育や授業改革のターニングポイント」と捉えなければなりません。そして「コロナ禍を生き抜き，未来を担う子どもたちのための教育や授業とはどうあるべきか」を考えるスタートラインとしなければなりません。

そのような教育や授業に必須アイテムとなるのが，ロイロノートです。本書では，ロイロノートの中でも特にシンキングツールの活用と，それを活かすパフォーマンス課題づくりについて，紹介します。なお本書で使用している図は，ロイロノート版シンキングツールで作成しています。そしてロイロノートを使用したことがない方にもできるだけわかりやすく，また「シンキングツールを使用したパフォーマンス課題づくり」については，いつでも実践できるように汎用性を重視し，実践授業例に沿って解説していきます。授業内容は中学社会科になっていますが，シンキングツールやパフォーマンス課題づくりは，すべての教科で実践が可能です。

② ロイロノートの４大特徴

　ロイロノートの使い方は，㈱LoiLoが発行しているテキストブック『ロイロノート・スクール　教科別活用本』（2021年）に，すぐに役立つ多数の活用例とともに掲載されています。ぜひ参考にしてみてください。

　私は2014年からロイロノートを使用してきました。その経験の中で私が考えるロイロノートの特徴は下の図のように表すことができます。なおこの図はロイロノートに実装されているシンキングツールの１つである「同心円チャート」を使用して，その中にロイロカードを入れるカードインカードの形で配置しています。斜線は手書きツール（定規）で書き込んでいます。

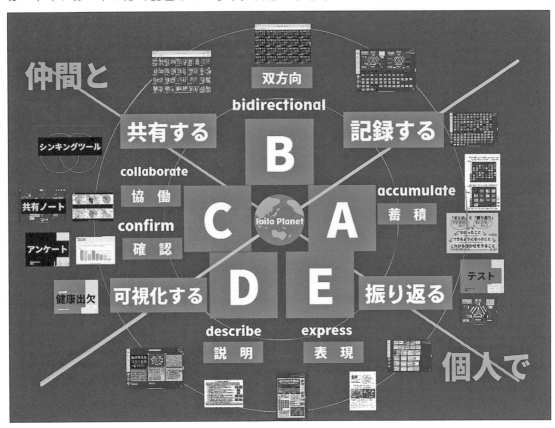

　この図のようにロイロノートには４つの特徴があります。それは「共有する」「可視化する」「振り返る」「記録する」という学習者の学習行動で表すことができます。さらに「共有する」と「可視化する」は，「仲間と」が，「振り返る」と「記録する」は「個人で」が対応しています。例えば学習者が「仲間と・共有する」「個人で・振り返る」となります。

　またこの４つの特徴をさらに細分化したのが，「双方向」「協働」「確認」「説明」「表現」「蓄積」というABCDEですが，これはすべて「今までの授業と違い，ロイロノートを使うことによって学習の〜が，より即時的に可能になった」の文中の〜に当てはまる言葉です。そしてこ

れらの授業改革が，シンプルな操作とワンアプリだけで実現できるのが，ロイロノートを導入する大きな利点となっています。また，それは学習者だけでなく，授業者にとっても有益です。

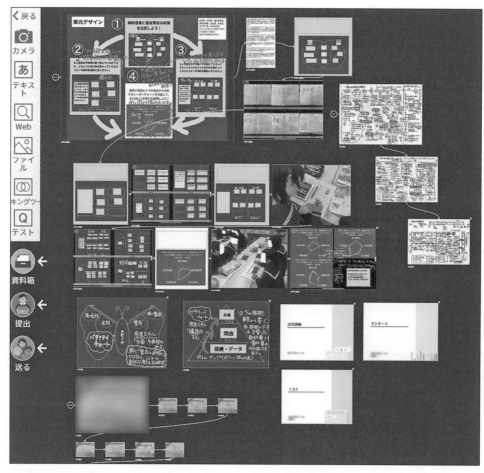

　上の図は私の「信長と秀吉の政治を比較しよう」の授業実践ノートです。数種類のロイロカードを使い，それをつなげて手順を明確にして作っています。このように授業者が自分の授業の手順や資料を授業展開に沿って「可視化する」こともできます。

　授業者にとっても授業構想を可視化し，ステップチャートで提示順を作っておけば，そのまま授業過程に沿ってカードを提示することで，どこでも授業をすることが可能になります。

　また別のクラス，別の年度でも保存されたロイロノートを使えば，いつでも同じ授業を同じ資料やデータ（カード）で行うことができます。つまり授業過程の可視化も授業記録の保存と再生も，このロイロノート１つで行えるわけです。これは授業前中後の３つの時間において全て時短につながります。このように学習者のみならず授業者にとってもロイロノートは非常に役立つ必須のアイテムだと言えます。

③ ロイロノート版シンキングツールの特徴

　当初は数種類のカードをつなげて，プレゼンを行うだけの仕様だったロイロノートが飛躍的に進化したのが，このロイロノート版シンキングツールの実装でした。

　シンキングツールは関西大学総合情報学部教授の黒上晴夫氏の「シンキングツール～考えることを教えたい（短縮版）」（Web 公開，2012年），または黒上晴夫著『ロイロノート・スクール　シンキングツールを学ぶ』（㈱LoiLo，2019年）に詳しく解説がなされています。ぜひ参考にしてください。ここでは一つ一つのシンキングツールの使い方には触れません（なお「シンキングツール」という語句は黒上晴夫氏の登録商標です）。

　それらを参考に私がシンキングツールを Y チャート「多面的にみる・分類する」で表したのが，下の図です（シンキングツールには対応する思考スキルがあります。「考える」という漠然としたものを「行動＝動詞」として具体的にパターン化したものです。本書ではシンキングツール名を記載した後に，「考えるための技法」としての思考スキルを記載するようにしました。Y チャートは思考スキル「多面的にみる・分類する」です。何かを多面的にみたり，分類したりする時に，その思考を助けてくれるツールであるという意味になります）。

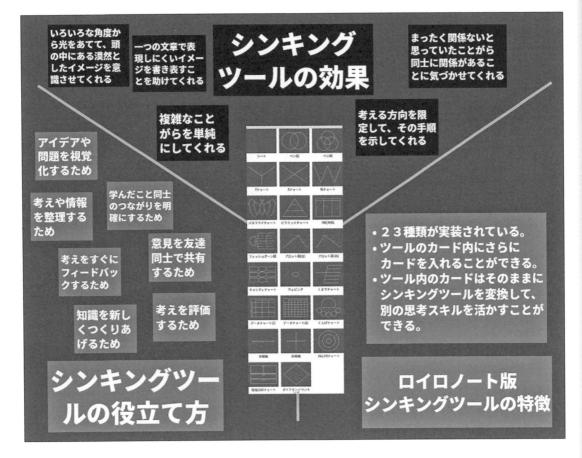

シンキングツールは「自分の考えをつくり出す」ことを目的としていますので，「計算用紙」であったり，「新しい考え」をつくり出すための道具として位置づけられるものです。そのため，ツール自体を完成させることが目的ではありません。むしろ大切なのは，そのツールを使って可視化された自分の意見や友達の意見を共有し，交流し合うことで，「新しい考え」（主張）を生み出すことが重要になります。そういう意味でもシンキングツールを使用した「考える」という行為は，途中段階であり，連続的に変化しうるものでなければなりません。

　ロイロノートには，23種類のシンキングツールが実装されていますが，特筆すべきは，これまで模造紙やホワイトボードを使って行っていたシンキングツールの活用をロイロノートを使うことで，格段に使いやすくすることができたということです。

　ロイロノート版シンキングツールには，自由に12色のカードを配置できますし，動画や写真を埋め込むことも可能です。さらにそのカードをそのままに，下地となっているシンキングツールだけを変換することも可能です。もしこの変換を模造紙やホワイトボードでやろうと思えば，時間もかかり授業時間を圧迫しかねないものですが，それがロイロノートでは一瞬でできるのです。「考える」という行為が，「広げる」から「比較する」に変わった場合も，即座に対応し，「思考の連続性」を確保することができます。

　また「考える」のは学習者だけではありません。授業者も教材研究や授業デザインで，シンキングツールを活用することができ，複雑で難解な授業指導案さえも可視化することで，理解しやすくすることも可能です（これについては付録「これから広がるロイロノートを活用した新しい授業の可能性」で紹介します）。

　以上のようにロイロノート版シンキングツールを使用するだけでも，これだけの多くの利点が生まれます。

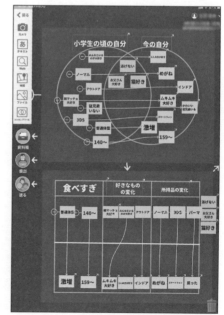

　右の図は「小学生の自分と今の自分」を比較するために，最初はベン図を用いて可視化しています。それを次は「どうしてそのような違いが生まれたのか」を視点分けするためにデータチャート「理由づける」に変換しています。カードはそのまま残るので，簡単に視点分けすることができます。

　そしてこの2つのシンキングツールから「小学校と今の自分の違いとその理由」や「これからの成長と変化の予想」などの「新しい考え」を生み出すことができます。

最後に私がロイロノートをどのように授業に活かしてきたのか，どのような使い方が考えられるのかを紹介します。

私の授業（中学校社会科）では、ロイロをどう取り入れてきたか？

【事前準備】● 単元ごとにノートをつくる　6時間扱いでもノート1枚→
本時の学習課題とルーブリック提示、進行カードを作成する

① 単元課題
　（パフォーマンス課題）
② 学習課題（入れ子構造）
③ ルーブリック作成

● 課題追及に見合うシンキングツールを考える

● 配布資料やプリントをscanしたり、PCでPDFを作成して、生徒に「送る」または「資料箱」に入れる

● 提出箱を番号をつけて作る。　① 予習提出　② 学習課題

【授業】

① 家庭での予習を写メで提出	→ノート予習部分→評価返却→学習課題提示
② 学習課題〜一次判断（個人）	→個人カード色指定で提出→共有しない
③ ペアまたはグループ活動	→生徒間通信→班長シンキングツール提出
④ 比較・全体共有・質疑	→グループごとに発言→質疑
⑤ 学習課題〜二次判断（個人）	→個人カード色指定でサマリー提出→無記名にして共有
⑥ まとめ・全体共有	→⑤カードを全体発言→評価して次時までに返却
⑦ 振り返り	→「わかったこと」「できるようになったこと」「他にいかせそうなこと」→時間をみて発言→評価して次時までに返却
⑧ 次時予告と復習と予習指示	→家庭でログインして復習。質問の送信も許可。

ロイロノート10の使い方！！（授業編）

ロイロノートってどう使うの？

① 課題提示や授業の進行（見出し）やプレゼンシートとして使う
② 帯時間の前時の復習などのフラッシュカードとして使う
③ 問題の配布（ワークシート配布）や生徒個人意見の回収として使う
④ 個人カードを一覧表示したり、比較・共有する時に使う
⑤ グループで話し合わせたり、カードを生徒間通信で共有させたりする時に使う
⑥ 各種カードを使用し、生徒に調べた内容をプレゼンさせる時に使う
⑦ テストカードを確認テスト、アンケートカードを導入アンケートに使う
⑧ シンキングツールと思考スキルを使って、「考え」を可視化させる時に使う
⑨ 単元ごとの学習内容やカードを蓄積し、評価し、評定を返却する時に使う
⑩ 生徒に単元学習内容の復習やテスト勉強、家庭で復習や予習させる時に使う

これらすべてを　アプリを切り替えることなく
「ロイロノート」一本でおこなうことができるというのが最大の利点

教師も生徒も短時間で基本操作をマスターでき、今の授業にストレスフリーで取り入れることができる

だからこそ自由に、自分の授業の中でどう使えるのかをイメージしよう

第1章　これからすべての授業に必要不可欠なツール活用と課題づくり

2 生徒も授業者もわくわくする パフォーマンス課題づくり

① パフォーマンス課題とは

　授業の課題づくりにおいて，今まさに多くの実践と各教科における研究が進められているものにパフォーマンス課題があります。これについては特に社会科との親和性が高い課題ですので，当初より社会科での実践事例が，先行研究とともに積み重ねられてきました。

　私も素晴らしい先行研究のおかげで，このパフォーマンス課題に取り組むことができました。特に①～③は何度も読み返したり，参考にしながら，自分の実践を確認してきました。

①三藤あさみ，西岡加名恵著『パフォーマンス評価にどう取り組むか―中学校社会科のカリキュラムと授業づくり―』日本標準ブックレットNo.11，2010年
②西岡加名恵，石井英真編著『Q&Aでよくわかる！見方・考え方を育てるパフォーマンス評価』明治図書，2018年
③E.FORUM　京都大学大学院教育学研究科WEBサイト「パフォーマンス評価（用語解説）」

　さて，そのような先行研究によれば，パフォーマンス課題とは「リアルな文脈（あるいはシミュレーションの文脈）において，様々な知識やスキルを応用・総合しつつ何らかの実践を行うことを求める課題」のこととなります。そして「具体的には，レポートや新聞といった完成作品や，プレゼンテーションなどの実技・実演を評価する課題」を意味しています。

　これからの授業では，このパフォーマンス課題を用いたパフォーマンス評価，つまり「従来の知識や技能を暗記，再生する力を評価する筆記テストや実技テストだけでなく，個々の知識や技能が互いに関連づけられて発揮されるパフォーマンス課題による評価」が重要となります。

　授業者は，パフォーマンス課題を取り入れることにより「生徒がどのくらい深く思考できるようになっているのかを把握する」ことができますし，単元の終わりに期待される「生徒像＝何ができるようになってほしいのか，どんな姿に成長してほしいのか」を先に設定することで，それに沿った指導を準備することができるようになります。

　そのようなパフォーマンス課題のつくり方は，いわゆる「逆向き設計」と呼ばれるもので，本来なら実践の後になる「結果」や「評価方法」を実践前に設定し，そこから遡って授業デザインを行うという方法をとっています。そしてその課題のつくり方には独自の手順があります。

参考：三藤あさみ、西岡加名恵 著 「パフォーマンス評価にどう取り組むか―中学校社会のカリキュラムと授業づくり―」日本標準ブックレット№11 2010年
西岡加名恵、石井英真 編著 「Q&Aでよくわかる！見方・考え方を育てるパフォーマンス評価」明治図書 2018年
E.FORUM 京都大学大学院教育学研究科 「パフォーマンス評価（用語解説）」より
以上を参考に作成

上の図は先行研究をもとに，パフォーマンス課題づくりの手順とポイントを可視化した図です。

①まず単元の中核を見極めること。それは，その単元の重要な知識やスキルであり，生徒に身に付けさせたいことです。

②次に本質的な問いを考えます。図の中にあるようにそれは，単純に１つの答えにならないものでかつ，その問いに答えようとすることで単元全体を振り返り，それまでに獲得した知識やスキルを統合させなければならないような問いです。

③そしてその本質的な問いの模範解答となる永続的理解を設定します。図のように４つの条件があり，それを言い切る「〜である」という断定する形で文章化します。

④最後にパフォーマンス課題のシナリオを作成します。そのシナリオには６要素のいわゆるGRASPSを書き込みます。Ｇはゴール（目的），Ｒはロール（役割），Ａはオーディエンス（相手），Ｓはシチュエーション（状況），Ｐはパフォーマンス（作品），Ｓはスタンダード（観点）を表しています。

⑤評価はルーブリック（評価基準表）を作成して，最初に提示しておきます。尺度とレベルにあてはまる記述から構成され，典型的な例となるアンカー作品も添付しておきます。また具体的な行動の例として「徴候」をしめしておくことも大切です。

② わくわくパフォーマンス課題づくりの特徴

パフォーマンス課題づくりのポイントとして，三藤，西岡前掲書では，以下のような2つの点が示されています。

①教科の目標，必ず身につけさせたい概念を課題のなかに取り込んでつくること
②生徒たちにとって魅力的な状況設定をすること

特に私は，この②のような状況を「ワクワク感」として表現することにしました。そして「生徒にとって魅力的なワクワク感満載な課題とはどうやってつくればいいのだろうか」というのが私のパフォーマンス課題づくりの特徴になっています。それを「わくわくパフォーマンス課題」と名付けました。

パフォーマンス課題づくりを有名レストラン本店のフルコース料理と普通の家庭料理に例えてみましょう。本店の料理は，食材選びから下処理，味付けや盛り付け皿や料理道具まで，すべて一流シェフが拘りぬいた素晴らしい料理が，お客さんに提供されます。シェフには「どんな料理を作るのか」という完成イメージが最初からあって，そこから「逆向き」に料理を設計している状況です。「この料理のためには，これが必要だ」とシェフは考えます。

しかし確かにシェフの作る素晴らしい味の料理は，お客さんを満足させますが，でもいつも，いつもというわけにはいきません。高価だし手間も時間もかかるからです。だからいつも食べる家庭料理は，本店レストランの料理ほど拘りぬいていなくても，それなりに美味しければいいのだと割り切っています。そこに「愛情」さえ味付けに加えれば，それで家族は大満足です。

この本店レストランが本家パフォーマンス課題で，家庭料理が私の「わくわくパフォーマンス課題」です。私は，前ページの本店「パフォーマンス課題づくり」のＸチャートを理解した上で，日頃の授業では，もっと簡単に，そして時短でパフォーマンス課題の授業を実施できないものかと考えました。その結果，家庭料理でも「生徒も自分もワクワクしたい」という「愛情」を味付けにして，その調理過程を簡略化または省略する形で，課題づくりを行う方法を実践してきました。

本書では，そのような私の「わくわくパフォーマンス課題づくり」とそれに最も相性のいい「ロイロノート版シンキングツールの活用」をセットにして，「第2章　ここからはじめよう！」「第3章　ここまでいこう！」「第4章　ここをめざそう！」というように，レベルアップさせながら，紹介したいと思います。

本書を参考にして，みなさんにももっと身近にパフォーマンス課題を実践していただき，シンキングツールを活用したワクワクするような授業を創造していただきたいと思います。

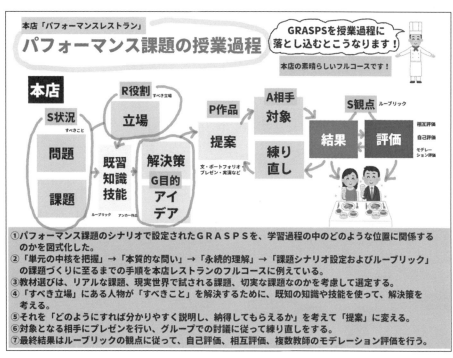

① パフォーマンス課題のシナリオで設定されたGRASPSを、学習過程の中のどのような位置に関係するのかを図式化した。
② 「単元の中核を把握」→「本質的な問い」→「永続的理解」→「課題シナリオ設定およびルーブリック」の課題づくりに至るまでの手順を本店レストランのフルコースに例えている。
③ 教材選びは、リアルな課題、現実世界で試される課題、切実な課題なのかを考慮して選定する。
④ 「すべき立場」にある人物が「すべきこと」を解決するために、既知の知識や技能を使って、解決策を考える。
⑤ それを「どのようにすれば分かりやすく説明し、納得してもらえるか」を考えて「提案」に変える。
⑥ 対象となる相手にプレゼンを行い、グループでの討議に従って練り直しをする。
⑦ 最終結果はルーブリックの観点に従って、自己評価、相互評価、複数教師のモデレーション評価を行う。

　上の図は「本店レストラン」のパフォーマンス課題シナリオ「GRASPS」を授業過程に位置づけたものです。そして下の図が私の家庭料理「わくわくパフォーマンス課題」です。本店の調理方法を踏襲しながら，旬の素材やワクワク感，手づくりの時間，シェア劇場に拘りました。

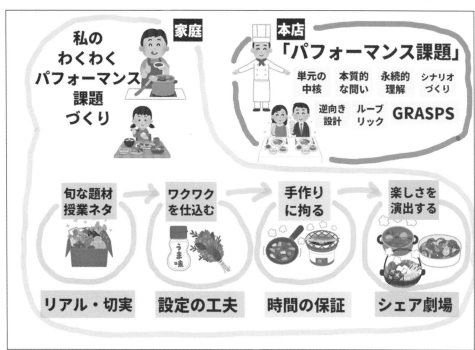

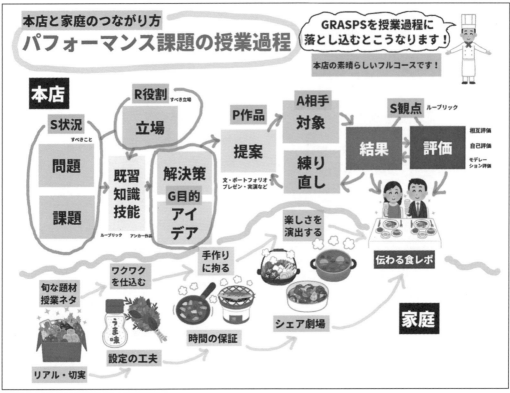

本店と家庭のつながり方
パフォーマンス課題の授業過程

GRASPSを授業過程に落とし込むとこうなります！

本店の素晴らしいフルコースです！

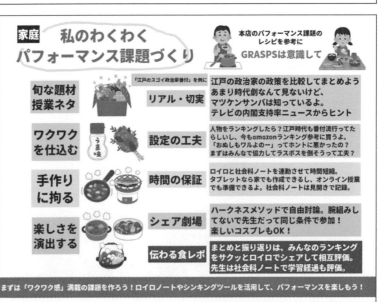

上の図は本店と家庭料理での授業過程の関連性を表しています。家庭でのつくり方は簡単ですが，本店の課題シナリオづくりの6要素と連動していることがわかります。

右の図は第2章の実践例で紹介する「江戸のスゴイ政治家番付」の授業を「わくわくパフォーマンス課題づくり」のフローチャートに当てはめてみたものです。

発想段階での家庭料理のレシピになっています。

まとめ 本書の特徴

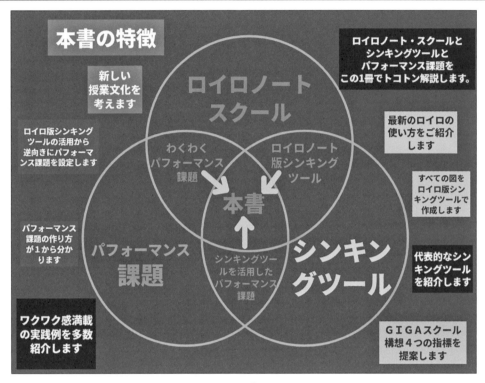

本書は上の図のシンキングツール３連ベン図「比較する」に示したとおり，中央に位置づけられます。これからのすべての授業に必要不可欠となるツールとして，クラウド型授業支援ツールのロイロノート・スクールを使用して，さらにロイロノート版シンキングツールの利便性をベースにしながらも，代表的なシンキングツールをどう使えばいいのかを，実践例を使って紹介していきます。

パフォーマンス課題についても，普段の授業の中で，負担のない時短でできる「家庭料理」のような「わくわくパフォーマンス課題」づくりを紹介し，また本来なら「課題解決に必要であれば，シンキングツールを使う」という手順を「逆向き」に設定し，「この思考スキルで，このシンキングツールを使うためには，パフォーマンス課題はどうつくればよいのか」という発想で，授業づくりを進めていけるように提案します。

本書を読み上げた時に「これならできそうだ」「自分も試してみたい」とみなさんに思っていただけるような「ワクワク感」満載の１冊にしたいと考えています。

第１章 これからすべての授業に必要不可欠なツール活用と課題づくり

19

第2章

ここからはじめよう！
ツール別わくわく
パフォーマンス課題づくり

1 シンキングツールを想定した わくわくパフォーマンス課題のつくり方

① わくわくパフォーマンス課題づくりに共通する３つの手順

　前述したように「ワクワク感」満載のパフォーマンス課題づくりは，授業のねらいとする思考スキルとシンキングツールを先に想定してから，シナリオ作りを行います。このやり方の利点は，シナリオに明確な学習の方向性や思考の手順を仕込むことができることです。このような課題づくりができていれば，その後の授業は生徒主体にして展開されても，当初のねらいからブレることなく，進めることができます。

　しかし課題づくりという観点からは，通常と違い「逆向き」設定のようになっています。例えるなら「この道具を使いたいから，このような加工品を作る」という感じです。しかしそこには「この道具」を使えるようになるためのノウハウがあり，それが次の作業の時には「こんどはこんな加工品を作りたいから，この工程ではこの道具を，この工程ではこの道具を準備して，その順番で使わなければならない」という思考手順を作業開始前に考えられるようになります。

　そのためにあえて，活用するシンキングツールから考える課題づくりなのです。

　この第２章では，よく使われるシンキングツールのベン図「比較する」，ランキングチャート「順序づける」，クラゲチャート「理由づける」，Ｘチャート「分類する」，バタフライチャート「多面的にみる」のそれぞれを想定したパフォーマンス課題の設定の仕方とその実践例を紹介していきます。

　実は，すべての課題づくり（シナリオ文章）に共通する３つの手順があります。それは以下のような手順です。

　右の図は「歴史的分野」に限定していますが，他の分野でも基本的には変わりません。

社会科歴史分野

パフォーマンス課題をより作りやすく 使いやすくするための３つの手順

① まずその時代の 問題点 を考える。

② 次にその問題で 困っている人 を考える

③ その人がなぜ 困っているのか を考える。

次にその課題により生徒に付けさせたい「ねらいとする思考スキル」からシンキングツールを考える。シンキングツールから逆向き設定することで，シナリオが作りやすくなる。次のカードで実例で関連性を示す。

①まずその時代（地域や国や政治，国際情勢など）の具体的な問題点を考えます。つまり生徒に追究させたい題材です。

②次にシナリオの主人公となる人物を想定します。この人物は①の問題について当事者であり，早急に解決しなければならない状況に窮している人物であることが必要になります。またこの人物のディティールを詳細に設定することで，生徒の思考の手助けとなったり，最終判断（主張）のための前提条件を明確に打ち出すことができます。この前提条件はシナリオを読めば容易に理解できるものと，既習事項を働かせて深く考えなければわからない隠れた前提条件の2つがあります。

③最後にその人物がその問題の「どういう点」で困っているのか，「どのように」困っているのかを設定します。例えば「解決策が全くわからない状態」なら，まず考えうる解決策を列挙していかなければなりません。この列挙＝発散という思考過程では，ウェビング「広げる」というシンキングツールを使用するシナリオが効果的ですし，もし「2つの選択肢のうち，どちらを選択すればよいのかわからない状態」なら，ベン図「比較する」またはバタフライチャート「多面的にみる」を使用するというようにシンキングツールを想定します。

パフォーマンス課題をシンキングツールを想定して、逆向き設定する

①誰が困っているのか？　　例：徳川家康
②その困りの問題は何か？　例：天下取りの仕方
③それはどのような困りか？なぜ困っているのか？

同じ問題でも設定により❶〜❹のように「ねらいとする思考スキル」を変えて課題を作ることができる。また❶の考察のあとに❷、そして❸❹というように連続して授業を行うこともできる。

　❶問題はわかっているが答えがまったくわからない
　　　　→イメージマップ 　広げる
　　例：家康が領地を広げ、天下を取るために絶対必要なことは何か。
　❷いくつかの選択肢（手順）をどのような順番で行えばいいのか
　　　　→ランキングチャート 順序づける
　　例：家康が領地を広げ、天下を取るために必要な方策の優先順位はどうするか。
　❸2つのうちどちらにしようか
　　　　→ベン図 比較する
　　例：家康は信玄を野に出て迎え討つか、籠城して援軍を待つか。
　❹選択した理由をどう説明しようか
　　　　→クラゲチャート 理由づける
　　例：家康は籠城を選択した。それをどのような理由で家臣たちを納得させるか。

上の図は，そのような「困りの状況」に応じて対応するシンキングツールを示したものです。

この図からわかるように，同じ「徳川家康の天下取りの仕方」という題材でも，ねらいとする思考スキルやシンキングツールを先に想定することで，シナリオにいくつかのパターンが生まれてくることがわかります。テンプレート化すると以下のようになります。

> 私（あなた）は（主人公はいつの時代の、またはどこの国の、どんな人物なのか）です。そして（抱えている問題点や困りの状況）で困っています。その問題を解決するためには（前提条件または類推できる壁のクリア）が必要なのですが、
> 　しかし今の状況は
> （①全く答えがわからない②選択肢はあるがどれがいいかわからない③どのような順序で行えばいいのかわからない④どのように説明すればわかってもらえるのかわからない）のです。
> 　その期限は（学習計画の時数）までです。
> 　解決策を（成果物、パフォーマンス）で示さなければなりません。

次に実践例を紹介します。

② わくわくパフォーマンス課題例

これは江戸幕府の政治体制を考えるために，その前の２つの幕府を比較し，その成果と課題から，江戸幕府の課題「徳川家支配の安定と継続性」を考え，そこから上申書を作成することで，パフォーマンス作品（成果物）を完成させる授業です（年号は架空です）。

【パフォーマンス単元課題】
あなたは徳川家康に信頼され，政策を任されている僧である。
家康から「早急に幕府の基本政策を考えろ!!」という指示を受けた。そして以下を満した内容とするという条件付きであった。
(1) 基本政策は8項目とすること
(2) その目的は「これからの徳川家支配を安定させ、いままでの、どの武家政権よりも長続きさせる」ことである。
(3) 内容は内政面(大名対策、朝廷対策、経済、中心地、交通、文化)、外交面(貿易、宗教)など多面的に起案すること
(4) まず鎌倉、室町幕府の成功や失敗に学ぶために両幕府を徹底的に分析し、そこから政策を情報編成すること
(5) 上申書の提出期限は惠永元年五月一日とする。(年号は架空)
　　さああなたはどんな上申書を家康に提出しますか?

実際にその学習過程は下図のような手順となります。この時ロイロ版シンキングツールの強味である「シンキングツールの変換」が非常に役に立ちます。作成したカードはそのままにシンキングツールだけを変更できます。例えるなら「材料は同じでも工具を鋸から鉋に変えて，作業に適した道具を使う」ということです。紙では作業時間もかかりますし，難題でした。

シンキングツールの変換と思考手順

①まず（4）よりベン図2連を使用して鎌倉幕府と室町幕府を（3）の視点で比較し、共通点や相違点を明確にする。

②そのベン図を3連に変換し、（1）と（2）の条件に従って整理しながら、江戸幕府に**取り入れるものと改善するもの**に分けて、両幕府との連続性と非連続性を可視化していく。

③ベン図を参考に上申書を8項目に整理して作成する。

このようにシンキングツールを思考の過程で変換するのに、ロイロノート版シンキングツールは最適である。生徒の学習が連続して行うことができる。

右の図のようなシンキングツールの変換により、三幕府の違いや共通点，つながりを示す◯，矢印（実際は黄色）を加えることで，それがどのように受け継がれているかなどが可視化され，上申書をまとめる時に役に立ちます。

ベン図を2つの対象を「比較する」から、さらに3つの対象を「関連づける」へ

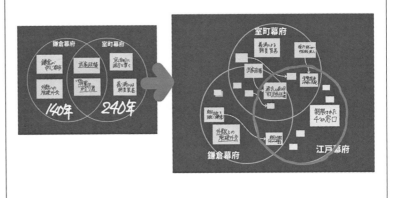

これがシンキングツールの本来の役目で，「上申書＝主張＝新しい考え＝パフォーマンス作品＝評価の対象」を生み出すことを「助ける」アイテム＝道具だということです。

あなたが、第１００代内閣総理大臣を歴史上の人物から指名できるとしたら？

あなたは人類史上最高の天才科学者だ！
あなたは長年のタイムマシンの研究の結果、ついに歴史上の人物を誰でも、この世に蘇らせることができるようになった。
現政権から「このコロナ禍の中で、日本の政権を託せる歴史上の人物を蘇らせてほしい」と要請を受けたあなたは、熟慮の末「　？　」を蘇らせることにした。
それは「　？　」という理由があったからだ。あなたの人選とその理由を聞いた政治家や国民は大いに納得して、蘇ったその人物が第１００代の内閣総理大臣になり、組閣が始まった。

※歴史上の人物は時代を問わず、言語や生活様式などすべてにおいて即座に現代に適応できるものとする。ただし日本人とする。
※現政権はあなたの影響力が強く、あなたが指名する歴史上の人物は必ずリーダーになれるものとする。
※蘇った歴史上の人物もまた、自分の意図する歴史上の人物を大臣に要請し、自由に組閣できるものとする。ただし日本人とする。

このような天才科学者を想定した荒唐無稽なパフォーマンス課題も，生徒にとっては「ワクワク感」満載のシナリオです。

すでに代表的なシンキングツールの使用を経験した生徒たちなら，このような課題に取り組む場合に，必要とするシンキングツールを自分

総理大臣が任命する各省大臣
①官房長官
②財務大臣
③経済産業大臣
④厚生労働大臣
⑤外務大臣
⑥文部科学大臣
⑦IT担当大臣（兼デジタル庁長官）

各大臣の担当する省庁の役割と　2021年と「コロナ禍」の現代社会の課題を考慮に入れて、最も適切だと思う歴史上の人物を大臣に任命せよ。
その任命理由は、万人（クラスみんな）が納得するものでなければならない。

で使ったり，変換したりしながら，自己調整学習を進めることができます。そのためにもまずはシンキングツールからパフォーマンス課題を考える「逆向き」設定を習得しましょう。それにより授業者も生徒も「わくわく感」満載のパフォーマンス課題解決学習を進めることができるようになります。

③ まとめ

わくわくパフォーマンス課題づくりには次のようなポイントがあります。

①シナリオづくりには３つの手順があり，その手順に沿って題材の設定をすること。

②題材が決まったら，その問題の詳細をねらいとする思考スキルとシンキングツールを先に想定し，そこから逆に考えること。

③シナリオのテンプレートを利用しながら，前提条件を仕込んでいくこと。

④ロイロノート版シンキングツールの変換は思考の助けとなり，広がりやつながりを途切れさせることなく連続で行うことができること。

⑤道具としてのシンキングツールの使用ができるようになれば，逆向きに設定しなくても，生徒は，どんな課題にも対応できるようになること。

もっともポピュラーなベン図「比較する」の活用

① ベン図を活用する課題づくりのポイント

パフォーマンス課題を分解しよう！

R	役割	「あなたは誰？」
S	状況	「どんな状況？」
G	目的	「何を達成すればいい？」
P	作品	「何をつくる？」
A	相手	「誰に話す？」
S	観点	「何に気をつければうまくいく？」

文章化された前提条件と「隠れた前提条件」を考えよう！

　前述したようにパフォーマンス課題のシナリオを作成する際に「GRASPS」を意識する必要があります。そのG「目的」，R「役割」，A「相手」，S「状況」，P「作品」，S「観点」を平易な問いに変換したのが，上の図です。これを念頭に対象とする題材で，この図の問いに答えを出すように考えていけば，シナリオを考えやすくなります。

　その上でシナリオに文章化する前提条件（思考する元になる）と隠された前提条件（状況から生徒自身が判断し，気づかなければならない）を想定します。これはどのようなシンキングツールを使用する場合でも同様で，安直に答えを出すのではなく，熟考するための仕掛けとして有効な手段となります。これを私は「仕込む」と表現しています。

ロイロノートシンキングツールを活用した　　　　中学社会科歴史分野を例にして
「ベン図」パフォーマンス課題の作り方
～2つの選択肢を比較し、結論を出す～

R　人物（人名、身分、職業など）を想定する。
S　その人物が困っている、迷っている状況、窮地の状況
　　を設定する。そして解決策に次のような選択肢をつくる。
　　①2つのどちらかを選択しなければならず他手段はない。
　　②しかしどちらにもメリットとデメリットがある。
G　自分の選択結果とプレゼンに対する賛同または高評価。
p　どんな形でシェアするのか＝ロイロノート（ステップチャート）
A　自分の表現を評価する人＝グループやクラス全体など
S　表現の評価重要ポイント＝「なるほど」と思わせる説得力

歴史分野では、当時の人々には、どんな困難があり、どんな選択で
迷っていたのか。またそこには、どういう理由があったのか。当時
の人たちの立場で多角的多面的に考えてみる。
（基本的には他の教科でも葛藤、価値判断場面で設定できる）

　ベン図はシンキングツールの中でも，もっとも人気の高いもので，思考スキルは「比較する」です。「複数の対象を比べて，共通点や相違点を明らかにし，考えをつくり出す」（黒上晴夫著『シンキングツールを学ぶ』㈱LoiLo発行，2019年）際に活用することができます。つまりこのベン図を活用することで「2つの選択肢がある状況の中で，どちらを選ぶべきか」を考えさせることができます。

　歴史は，どのような時代でもその時代に生きていた人たちの「選択」の積み重ねであり，そこにはリアルタイムで解決しなければならない困難な課題（問題）があったはずです。その迷いを体験し，多角的多面的に考えることができるパフォーマンス課題が，ベン図を使用することで可能になります。

　そこで前述の「GRASPS」の問いに落として考えてみると，上の図のようになります。

①まず題材となる時代の中で，課題を抱え迷っている状況になる人物を想定します。例えば「関ヶ原の戦いで家康側に味方するのか，三成側に味方するのか迷っている小早川秀秋」という具合です。

②次にその人物が選びうる2つの選択肢を設定します。重要なのは，どちらを選んでもメリットもあればデメリットもあるというトレードオフの状況を考えることで，結論を出す前に考えなければならない前提条件を設定します。

③最後にベン図を使用して可視化された思考から導かれた結論をシェアする方法（例えばロイロノートのステップチャートを使用する），表現する場（プレゼン）を設定します。また期限をつけます。

② 実践例：歴史的分野「鎌倉御家人の決断」

　では実際に，歴史的分野の「承久の乱」を題材に，ベン図を使ったパフォーマンス課題を考えてみます。

**中学社会科歴史的分野　「鎌倉幕府」関連における
シンキングツール（ベン図）を用いたパフォーマンス課題**

　私は近江国に住む御家人（　あ　）である。（　い　）年に頼朝公に従って以来ずっと，鎌倉殿とは御恩と奉公の（　う　）を結んできた。しかしわが家は，徐々に経済的に困窮し始め，この頃は（　　Ａ　　）と考えるようになっていた。
　その時である。京の（　え　）により，北条義時追討の宣旨が下されたのだ。私はどちらに味方するのか迷ったが，尼将軍政子様の演説を聞いて（　　Ｂ　　）と思ったので，すぐに幕府方に味方した。
　これが後の世にいう1221年（　お　）である。

　戦いは幕府方が勝利したが，私には借金が残った。戦に参戦するために武具や馬などを借金して準備していたからである。乱の後，恩賞を与えると幕府から連絡があったが，「２つのうちどちらかを選べ」ということだった。その２つとは，①新たな相模の所領と②備前国福岡荘の地頭職であった。どちらがいいだろうか。私は家族（妻，母（公家の出身），子ども３人，家人３人）に私の決断を話して，その同意をもらわなければならない。幕府から３日以内に返事をするようにいわれているのだ。時間がない。私は早速，いろいろな場合を考えながら，結論を出す作業に入った。

　承久の乱は1221年に起きた鎌倉時代の戦で，後鳥羽上皇の執権北条義時追討の院宣に始まるものです。結果は有名な北条政子演説もあり，幕府側が勝利しています。

　その後幕府は朝廷を見張るために京に新たに六波羅探題を設置し，西国に新補地頭を任命しました。この承久の乱の後，武士と朝廷の立場が逆転し，その後600年続く武家政権のターニングポイントとなった重要な乱でした。

問題
①あ〜おの空欄に，当てはまる人名や語句，年号を答えなさい。
②Ａにあてはまる適切な文を１つ選び，記号で答えなさい。
　ア　幕府に対して謀反をしかけようか
　イ　土倉や酒屋のような高利貸業を始めようか
　ウ　京の六波羅探題に勤めようか
　エ　土地の一部を売却しようか

③Ｂにあてはまる文を完成させなさい。
　ただし以下の形で書くこと。
　　　「〜のためには幕府方につかねばならない」

　このパフォーマンス課題は，ワークシートも兼ねており，単元のまとめとして承久の乱を通して，既習事項の問題を解答しながら，パフォーマンス課題を生徒と一緒に完成させるという形になっています。

　問題の解答は例えば，

①あ　生徒名でもいいし，その時代の御家人を調べて解答してもいい。

　い　1185年または1192年。これもなぜその年号なのかを説明できればいい。

う　主従関係

　え　後鳥羽上皇

　お　承久の乱

②エ　（御家人が窮乏している状況がわかっているか）

③これまでの武家による東国支配の継続のためには，幕府方につかねばならない

Rあなたは近江国の御家人で家族は、自分と妻、母（先祖が公
　　家）、子３人（男２人と娘１人）と家人（３名）の９人家族

S①<u>鎌倉からは遠い</u>が、頼朝公以来の代々続く御家人である

　②<u>分割相続は相続のたびに土地が狭くなり、困窮している。</u>

　③承久の乱では幕府方で勝利に貢献した　**下線部は文章化されて
　　　　　　　　　　　　　　　　　　　　いない「隠された前提条件」**

　④いくさに参戦するために多額の借金をしたので<u>乱後返済予定</u>

　⑤与えられる恩賞は、相模国の所領か、備前国福岡荘の地頭職
　　のどちらか１つ

Gこれから先、考えられる場合を想定しながら、どちらが最適
　　かを選び、３日後に幕府に返答しなければならない。

P３つの場合のそれぞれについて最適だと思われる恩賞を考えた
　　うえで、独自に別の場合も加味して、その優劣を判断し、最
　　終結論を家族の前でプレゼンする

Aそれぞれの立場が違う家族８人（自分を除く）

S①家族９人（自分を含む）の多数決による賛同を得ること

　②３つの場合以外の独自の場合（視点）を提案できること

　さて，ワークシートの問題を解答し，完成させたパフォーマンス課題を GRASPS にしたがって分解したものが上の図になります。このように分解することで，パフォーマンス課題（シナリオ）がどのようにして構成されているのかが明らかになります。

　注目すべきは３行目のＳ「状況」です。この場合①〜⑤までを「前提条件」として設定していますが，それぞれに意味があります。例えば⑤の「相模国」は鎌倉幕府とは近い。しかしこの御家人の住んでいる近江国からは遠い。また所領は売却することですぐに換金できる。一方「備前国福岡荘」は，この御家人の住んでいる近江国からは近いし，地頭職は莫大な利益を得られ，相続も可能である。しかし備前国は交通の要所で，この後の戦乱に巻き込まれやすいなど，メリットとデメリットが絡んでいる条件設定になっています。

　このような地理的な距離や土地の状況，御家人の窮乏などは「隠された前提条件」として，この課題の中に仕込まれています。さらに「３つの場合」は視点となるもので後述します。

　またＲ「役割」として御家人の家族構成を詳細に条件づけして，Ｐ「作品」として，その家族の前で選択した結果を当主としてプレゼンし，同意を得なければならないとしています。家族から想像できるのは，公家出身の母は近江からは離れたくないだろうし，子どもたちは分割

相続によって将来，細分化されてしまう土地よりも，女子でも相続できた地頭職の方がいいと言うかもしれません。

　またG「目的」として２日以内の結論（３日後幕府に返答）というのを掲げて，期限をつけています。これが学習時間です。以上パフォーマンス課題に仕込まれた前提条件と隠れた前提条件は下の図のようになります。

考える前提条件
①近江（滋賀県）、相模（神奈川県）、備前（岡山）の地理的位置関係。
②地頭は転居。所領は転居が必要か否か。または転居が有利か否か。
③鎌倉時代は嫡子単独相続ではなく、分割相続が基本。
④備前福岡荘は、交通の要所で争奪戦の地。市が発展し、経済的に豊かなので、貨幣経済が進展。その結果荘園領主への年貢も金銭が要求される。

考えられるその他の独自の視点
①母ならどうか。妻ならどうか。子なら。家人なら～立場の違いの考慮。
②母方（公家）と将来の官位。後ろ盾。娘の婚姻での姻戚関係樹立。
③鎌倉幕府（執権政治や得宗専制）の展望と将来性。自分の任官。
④荘園の地頭侵略（地頭請、下地中分）の可能性。
⑤所領の売却による利益（のちに禁止）

ワクワク感の演出
①４枚カード限定（シンキングツールによる可視化を含む）の
　ご当主（御家人本人）によるプレゼン体験。

| 前提条件の整理 | → | | → | さらに私の視点 | → | 最終結論 |

②９人グループ編成。
　それぞれの立場（ロールプレイ）による賛同条件
③２日間の時間設定

　右の図は，特に生徒に視点を提示する必要がある時に使用するロイロカードです。これがPに示した「３つの場合」に当たります。

　例えば「また京で反乱がおきるとしたら」京に近い備前国の地頭職は危険だという結論になるかもしれません。

　このような視点を変化させ「見方」を多面的，多角的に導くことで，全く違ったベン図ができあがり，多様な結論が生み出されることが予想されます。

いろいろな場合を考えよう！

例えば

- **借金をかえすなら？**
- **子や孫のことを考えるなら？**
- **また京で反乱がおきるとしたら？**

他にも考えなればならないことを探そう

あなたが新しく考えた場合や気づいた点

---

①家族９人（あなたを含めて）の前で
あなたの決断をプレゼンしよう！

| 前提条件の整理 | 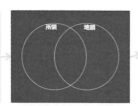 | さらに私の視点 | 最終結論 |

②家族による多数決で、どちらにするの
かを決めよう。
③役割を変えてやってみよう。
④最後に一番良かったプレゼンは誰か
を多数決できめよう。自分以外に投票。
⑤まとめとふりかえり

最後に上の図は全体の授業展開です。

①のプレゼンはロイロカードをつなぎ合わせたステップチャートで作り，グループ内に送信
　して共有しながらプレゼンを行います。

②プレゼンをする人が御家人役ですから，他の家族はロールプレイで分担します。

③役割を変えながら，考え方の違いを体験します。

④最後にベストプレゼンを選び，パフォーマンスについて相互評価を行います。

⑤まとめとふりかえりは，わかったこと，できるようになったことをロイロカードで作成し，
　発表します。

③　まとめ

ベン図を活用するパフォーマンス課題づくりのポイントは次のようになります。

①ベン図「比較する」は，その時代の問題点や課題や困りや迷いを題材にする。

②パフォーマンス課題はGRASPSに分解してから，作成する逆向き設定がやりやすい。

③パフォーマンス課題に，視点を多面的多角的にできる前提条件を仕込んでおく。

いつでも使えるランキングチャート「順序づける」の活用

① ランキングチャートを活用する課題づくりのポイント

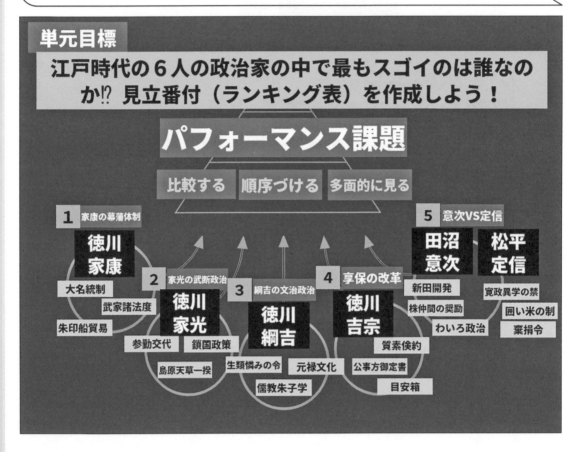

いつの時代であっても，人はランクづけや「〇〇ランキング第1位」などが気になるものです。自分が購入したい商品のランキングや評価コメントを検索したことは，誰にでもあることだと思います。江戸時代にもそのようなランキング＝番付がありました。今の相撲の番付表のような形式で，江戸時代には一般庶民が楽しんだ「見立番付」が多種多数発行されていました。

このランキングチャート（今回はピラミッドチャートを使用しています）は，同じ題材でもランキングの視点を変えることにより，全く違った順序になります。つまり「順序づける」結果よりも，そのランキングはどのような「視点」によって決められたものなのかが重要なポイ

ントで，その視点の正否を問うことが議論の中心課題となるわけです。逆に今回は歴史的分野での実践例でランキングチャートを使用した例ですが，「視点」を変えることによって，同じ題材でも何度でも違ったランキングを作成することができるという点では，教師がねらいとする視点で順序づけさせたり，またはあらかじめランキングされたものを渡して，その視点を考えさせるなどの工夫した展開も考えられます。まさに「いつでも使える」「何度でもできる」のがランキングチャートなのです。

ロイロノートシンキングツールを活用した 　　　　　中学社会科歴史分野を例にして
「ランキングチャート」
パフォーマンス課題の作り方
～複数の事象を特定の視点のもとに順序づける～

R　人物（人名，身分，職業など）を想定する。
S　その人物が困っている，迷っている状況，窮地の状況
　　を設定する。解決策は次のような手順で得られる状況をつくる。
　　　①複数の事象や手順を特定の視点で順序づける必要がある。
　　　②視点によってランキングが違ってくるため視点設定がカギ。
G　自分のランキング結果とプレゼンに対する賛同または高評価。
p　どんな形でシェアするのか＝ロイロノート（ステップチャート）
A　自分の表現を評価する人＝グループやクラス全体など
S　表現の評価重要ポイント＝「なるほど」と思わせる説得力

ランキングチャートは，どのような視点で順序づけられているのかが重要で，その視点が有効なのか無効なのかという議論が新たな考えを生み出すもとになる。

　上の図はランキングチャートを使ったパフォーマンス課題をつくる時の留意点を GRASPS に置き換えています。パフォーマンス課題をつくる前に，以下のようなことに注意しておく必要があります。
　①同一カテゴリー（江戸時代の政治家たち，明治維新の諸政策など）内の人物や事柄をランキングするようにします。
　②ランキングする時には「視点」を明確にして，なぜそのような順序になっているのかを論理的に説明できるようにさせます。
　③ランキングを互いに評価し合い，視点を熟考した納得解を作り出すことが授業のねらいです。

大切なのはランキングの違いはどんな原因（視点の違い）からきているのかを理解することです。次に実践例を紹介します。

 実践例：歴史的分野「江戸のスゴイ政治家番付」

江戸時代の政治改革を人物像やその時代背景を視点として分析し、比較する。時代劇に見られる定説？は正しいのか。

江戸時代6人の政治家の中で、もっともスゴイのは誰なのか。
比較してランキングしよう！

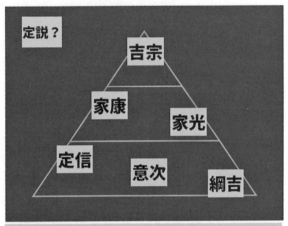

つけたい力
- 視点を明確にして分析と比較検討する力
- 論拠（データや資料）を明確にして結論づける力
- クリティカルに物事を再検討できる力
- 議論を楽しみ、いつでも自論を変えうる柔軟でしなやかな思考力
- ある時は協働し、あるときは競い合って真理を深めようとする力

これを土台にワクワクする学習課題（シナリオ）を作成してみると…

　この授業は江戸時代の6人の政治家（将軍，老中）をランキングしようというものです。政治家の評価というのは，いつの時代も行われているものです。ランキングこそあまり見かけませんが，世論調査の支持率などは，その延長線上にあるものです。

　しかし一方で，この政治家への評価というのは，残念ながら主観に左右されたり，イメージであったり，単なる人気度チェック（外見や学歴，趣味や特技など政治家の資質とあまり関係のないもの）になっている場合も多くあります。つまりその評価はどのような「視点」でなされたものなのかということを理解した上で，ランキングを利用する必要があるわけで，これはメディアリテラシーに関係する重要な「社会科の見方」になります。

　今回の授業では家康，家光，綱吉，吉宗の将軍4人と田沼意次，松平定信の2人の計6人のランキングをつくろうというものです。授業の進度に合わせて，これに水野忠邦を加えれば，

江戸時代の政治史を網羅することもできます。

　ランキングチャートはロイロノート版シンキングツールのテンプレートには「ダイアモンドランキング」が実装されていますが，ここではピラミッドチャート（本来は「構造化する」で使用します。下段の根拠から中段の理由，上段の主張への流れを構造的に捉えることができます）を使用しています。上段にランキング1位，中段に2位と3位，下段に4位，5位，6位を配置しています。これは見やすいという点もありますが，ランキングを考える時に3位までと4位以下の2グループに分けてから考えるということも視覚的にできるので，シンキングツール初心者には取り組みやすいはずです。ランキングは並べる対象が多いほど難しく，この6つくらいが適当ということもあります。

> **あなたは江戸の瓦版屋に雇われている。来月は「江戸のスゴイ政治家番付」を出版することになった。番付はあなたを含めた13人の職人の2回の編集会議で決定することになっている。あなたの番付が採用されれば、給金があがるので、あなたは夢中で番付を作った。しかし1回目の会議では、なんとあなたのライバル「とし平」の案が最有力となってしまった。あなたに残されたチャンスは2回目の編集会議のみ。さあライバルの案にどう反論し、どのように説明すれば、あなたの案を採用させることができるだろうか。**

　この授業のパフォーマンス課題は上の図のようにしました。このパフォーマンス課題には，以下のような工夫（前提条件と隠れた前提条件）を仕込んでいます。

　①江戸時代の見立番付を2回の編集会議で話し合う。その場で自分の案をプレゼンしなければならない。これは現代の企画会議と同様の状況を想定した。

　②番付の題「スゴイ政治家番付」は，意図して曖昧な表現として「スゴイ」を使用している。この「スゴイ」という感情こそ人それぞれで，どのようなことを「スゴイ」と感じるのか，評価するのかをこの授業の「視点」として話し合わせようと，あえてこの表現を使用して

いる。

③この6人のランキングを普通に行えば，前図のような「定説？」とおぼしき図になる可能
性が高い。つまり1位はドラマでも映画でも名将軍の誉れ高い吉宗が1位であり，最下位
は犬公方など現代でも評価の低い傾向のある綱吉になるというものである。これを打開す
るために，あえて「とし平」というライバルを想定して，そのライバルとし平の番付案を
定説としている。これにより番付編集会議で自分の案を採用してもらうためには，とし平
案（定説）を批判しなければならないし，その案に勝てる新たな視点を自分で探し出さな
くてはならない。とし平を入れることで定説批判と新たな視点の2つを実現できる。

④編集会議は2回なので，このままではとし平案になってしまう。これが最後のチャンスと
いうことで，会議は，まずとし平案の否決を行った後に，新案の議論に入る。つまり最初
に参加者（生徒）による協働（定説の否定）を行い，その後，競争（自説のプレゼン）と
なっている。

⑤とし平は教師が務める。授業に教師も同じ立場で参加することで生徒のワクワク度は一気
に増す。

　定説を否定しなければ，議論が先に進まないので，教師がとし平として「ラスボス」化する
ことで，授業の深度（進度）も調整することができます。これも重要な授業成功のためのファ
クターです。

R あなたは江戸の瓦版屋の雇われ**ライター**。 役割

S ①来月「**江戸のスゴイ政治家番付**」を出版。

　②番付はあなたを含めた13人の職人の2回の編集会議
　　で決定。（生徒12名＋教師1名）

　③番付が採用されれば給金があがる。

　④第1回編集会議はすでに終了。
　　ライバル「**とし平**」（私）案が最有力（定説批判）

　⑤残されたチャンスは第2回編集会議のみ。 状況

G ①最初に「とし平」の案にどう反論し，（協働）

　②どのように説明すれば、あなたの案を採用させること
　　ができるだろうか。（競争）目的

P 6人の政治家番付を作成（ロイロノート：ピラミッドチャート）作品

A 13人の番付編集会議メンバー。 対象

S 6人を独自の視点で分析比較→わかりやすく説明。 観点

さてこのパフォーマンス課題を GRASPS に変換すると，p.38の図のような構成になっています。この「GRASPS 構成表」を作成することで，自分のねらいとする授業をシナリオの中に落とし込めているのかを事前チェックすることもでき，また作成後にも「何が必要か」「どんな工夫を仕込めば，よりねらいに近づけるか」を再考することも容易になります。さらに授業者以外の教師が追試する場合にも，本来の授業の重要ポイントが把握しやすく，アレンジもしやすくなります。

　右の図はパフォーマンス課題を考える際に必要となる「本質的な問い」と「永続的理解」をこの授業に当てはめて考えたものです。本来，「逆向き設計」として提唱されているのは，

　　①単元の中核を見極める
　　②本質的な問いの設定
　　③永続的理解の明文化
　　④課題のシナリオ作成

本質的な問い：政治家やその政策の評価は、どのような観点で行われるべきなのだろうか。

永続的理解　　　　　　　　　　　**※本店**
歴史的評価は不変ではない。新たな史料により評価が一変することもある。現代においても政策や政治家の評価の際には、その視点を明確化し、「何に対しての」「誰にとっての」評価なのか等、多面的多角的な評価が必要である。また討論による合意形成には、主観やイメージではなく、客観的で有用な情報（根拠）を明示した論理的な議論がなされることが最も重要である。

という手順ですが，ここでは，このランキングチャート実践例の「江戸のスゴイ政治家番付」の授業が，本来のパフォーマンス課題の作成工程に則したものになっているのかを検証するために，わくわくパフォーマンス課題を作成した後に，考察しました。パフォーマンス課題と銘打っている以上，その原点での位置づけを明確にしておくことは，いつでも必要なことです。

　また右の図は「とし平」案です。編集会議では必ず生徒から「とし平案の視点」の質問があることが予想されるので，準備しておきます。このとし平の視点をどのような論拠で批判できるのかが最初の壁となります。

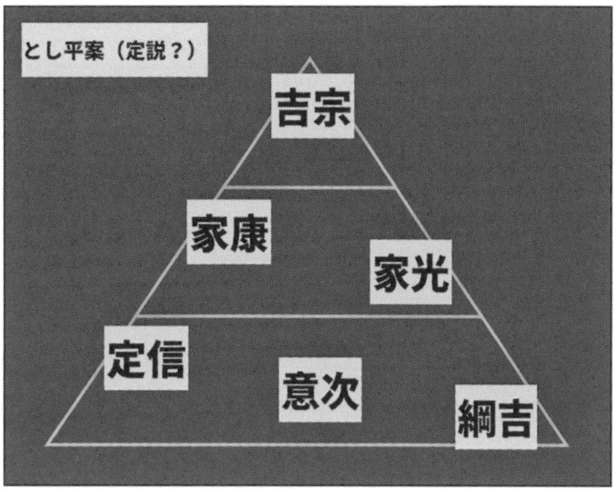

【とし平の視点】

　平和な世の中になった江戸時代だからこそ，これまでと違う視点として，庶民にとってよい

とし平案（定説？）

政治を行ったのは誰かを考えた。そして当時の庶民は，どう評価し，さらに現代でもどう評価されているのかを評価の基準とした。

次に単元計画と授業実践の記録を紹介します。

2学年歴史的分野「江戸時代第3期までの政治まとめ」〜江戸の政治家を再評価しよう〜
「私たちは歴史をなぜ学ぶのだろう」第3弾

単元目標	
あなたならどうする？	あなたは江戸の瓦版屋に雇われている。来月は「江戸のスゴイ政治家番付」を出版することになった。 番付は、あなたを含めた13人の職人がそれぞれの案を出して、2回の編集会議で決定する。もし自分の案が採用されれば給金があがるので、あなたは夢中で番付を作った。しかし1回目の会議では、なんとあなたのライバル「とし平」の案が最も有力な番付となってしまった。あなたに残されたチャンスは2回目の編集会議のみ。 さあいよいよ編集会議が始まります。とし平の案にどう反論し、どのように説明すればあなたの案を採用させることができるだろうか。

	学習内容	6人の政治家の声
1	家康の幕藩体制	長い人質生活に耐え、徳川260年の礎を築いたのはわしだ！
2	家光の武断政治	生まれながらの将軍の厳しい政策こそが、長続きの秘訣だ！
3	綱吉の文治政治	私の評判が悪いのは誤解だ！私の本当の願いは、違うんだ！
4	吉宗の改革	江戸時代の将軍人気度NO.1の私は、多くの改革を行ったぞ！
5	意次 VS 定信	宿命のライバル対決！どっちが善でどっちが悪なのか！？
6	第1回番付会議	見立番付「江戸のスゴイ政治家番付」を決定してくれ！！
7	第2回番付会議	とし平の番付に反論して、自分の番付の良いところを訴えよう！

　この授業は単元計画7時間扱いの6，7時間目にあたります。単元の最初にパフォーマンス課題を提示してから授業を行っていきます。単元計画は模造紙に拡大プリントして教室に掲示しておきました。

　生徒は1時間ごとのまとめを社会科ノートにそれぞれのやり方で記載し（板書はしません），ロイロノートで記録を取っていきます。最後の6時間目の前にとし平案を提示して，ロイロノートに蓄積された学習記録などを元にしながら，自分の視点とそれに則したランキングチャートを作成していきます。その作業が「第1回番付会議」で，実際には生徒の作業時間となっていました。

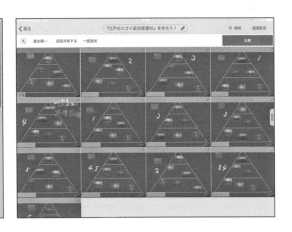

授業展開

①パフォーマンス課題を確認しよう。

②ペアで話し合おう。
・視点は？　・ランキングは？
・とし平の案の批判は？

③グループで話し合おう。
・他に考えられる案は？　・自分の案を補強するには？

④編集会議で番付を決定しよう。

⑤単元を振り返ろう。
・この単元の学習で何がわかりましたか？
・この単元の学習を通じて何が出来るようになりましたか？
・今の時代に、活かせることは見つかりましたか？
　また他の教科の学習などに活かせることは、何かありましたか？

③ まとめ

ランキングチャートを使用したパフォーマンス課題のポイントは次のようになります。

①ランキングチャート「順序づける」は，同一カテゴリーの人物や事象を題材に設定する。

②視点の設定の仕方により，ランキングが変わることを可視化することで，視点の重要性が理解できる。そのためランキングを議論するよりも，そのランキングを導き出した視点の正否を議論することを授業の目的とする。

③多数を占めそうな（定説のような）ランキングが予想される場合には，あらかじめ定説批判ができるような工夫を仕込んでおく。そうすることで生徒が新しい視点を探さざるを得ない状況を作り出す。

④時には議論を活発にし，ワクワク感を演出するような仕掛け（授業者参加など）が必要である。

⑤ロイロノート版シンキングツールは共有しやすく，変更も紙よりも簡単にできるので，議論に合わせて生徒が友達の意見を取り入れて訂正することなどが簡単にできる。またその蓄積もクラウド上に保管できる。

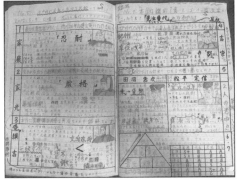

4 説得力が増すクラゲチャート 「理由づける」の活用

① クラゲチャートを活用する課題づくりのポイント

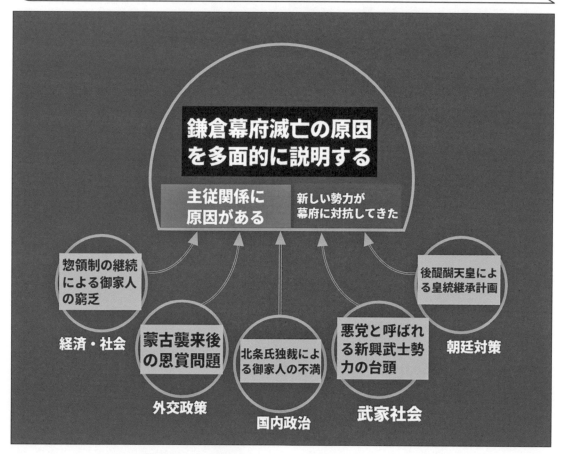

　クラゲチャートは，思考スキル「理由づける」に使用します。クラゲの頭にあたるトピックには，主張したいことや課題などを配置し，足にあたる部分に，主張を支える理由や問題を解決するための方策や手掛かりを書き込み，説得力のある主張や解決策を提示をする時に役立ちます。

　上の図の例は「鎌倉幕府滅亡の原因を多面的に説明する」という課題に対して，5つの原因をあげていますが，もちろん5つをすべて埋める必要もありませんし，足りなければ書き足してもかまいません。便宜上5つとしているだけです。それよりも重要なのはすべてのシンキン

グツールに共通することですが，シンキングツールは「計算用紙」であり「主張を作るための途中経過」であるということです。ですからクラゲチャートも作るだけでは意味はなく，逆に作り上げることが目的となる授業であってはならないということです。この「鎌倉幕府滅亡の原因」という課題を理由づける授業でも，網羅的に5つの原因を探っていますが，この5つをさらに「経済・社会」面，「外交政策」などの視点で分類し，それが「主従関係に原因がある」または「新しい勢力が幕府に対抗してきた」という統合化する判断として，頭部分に書き込まれています。

　つまり網羅的に集められた情報を，さらに1つ上のレベルで再構成し，それを考察して原因を探るという手順を踏んでいるということです。実際に課題について説明する時には，このように再構成された原因を意識して，「滅亡の原因には，〜や〜などの幕府本来の主従関係の維持に原因がある」という説明になります。

　またどの原因が，最も重大な問題であったかなどの「重みづけ」がされて，新しい考えを生み出すことも大切です。

ロイロノートシンキングツールを活用した

中学社会科地理分野を例にして

「クラゲチャート」
パフォーマンス課題の作り方
〜選択した事柄の正当性を複数のデータから理由づける〜

R　人物（人名、身分、職業など）を想定する。

S　その人物が困っている、迷っている状況、窮地の状況
　　を設定する。解決策には複数の選択肢がある状況をつくる。
　　①複数の解決策の中で、もっとも効果的な解決策を選ぶ。
　　②その解決策の正当性を担保する論拠を複数あげる必要性。

G　自分の考察結果とプレゼンに対する賛同または高評価。

p　どんな形でシェアするのか＝ロイロノート（ステップチャート）

A　自分の表現を評価する人＝グループやクラス全体など

S　表現の評価重要ポイント＝「なるほど」と思わせる説得力

クラゲチャートは結論をどのような論拠によって導き出したのかという理由づけが重要であり、結論よりも理由づけを議論する中で新たな考えが生み出される。

　そのようなクラゲチャートの特徴を踏まえた上で，パフォーマンス課題を作成する時に重要な点を示したのが上の図です。歴史的分野ではなく，今回は地理的分野での授業実践例を紹介します。実践例は，いくつかの選択肢の中から，自分が最適だと思うものを1つ選び，それが

どうして最適なのかというエビデンスを複数準備し，さらにそれを関連づけて再考したり，重みづけすることで，説得力のある主張を作り出し，プレゼンによって聴衆に納得してもらうという授業展開です。現実社会によくある企画会議と同じです。

② 実践例：地理的分野「アジア新工場建設に向け，提案書をつくろう」

　この授業は平成27年度に広島県三次市立塩町中学校に勤務されていた松井勇之先生が原案を作られたもので，非常にすぐれたパフォーマンス課題になっています。以下松井先生が作成された指導案を参考にしながら考察を進めます（以下松井案）。

> ### 「アジアの新工場建設に向け、提案書をつくろう！」
> あなたは、ある自動車会社に勤めています。会社では新工場を中国かインドどちらかに建設する予定です。新工場プロジェクトのリーダーに任命されたあなたは、1週間後に社長の前で新工場建設国をどちらにするか提案しなければなりません。
> 会社の方針としては、
> ①建設後５０年はその国で自動車生産を行う
> ②部品の１０％は日本から輸出する
> ③最新の自動運転技術の開発をその国で行う
> ④生産した製品の７割はその国で販売する
> ⑤残りの３割を近隣の国で販売する
> です。中国とインド、どちらに建設する方が会社の利益につながるでしょうか。どちらか一方を選び、その理由と、選ばなかった国の選ばなかった理由もあげて、社長あての提案書を完成させてください。

　この単元名「アジア州―急速に進む成長と変化―」は松井案によれば５時間扱いで，以下のような単元目標が示されています。

【単元目標】

　①アジア州の自然環境，産業，生活，文化，歴史的背景などの特色について概観し，地図帳を活用しながら，それぞれの基礎的・基本的な知識を見つけさせる。

　②アジア州の地域的特色を理解するために「経済の成長」に関する学習テーマを設定し，意欲的に追及させる。

この単元目標の②にあたるものがパフォーマンス課題であり，それを解決するために①の既習事項が役立つという設定でした。また単元計画ではパフォーマンス課題についての授業は，まとめの5時間目に設定されていました。

このパフォーマンス課題の優れた点は3つあります。

①単元計画の最後に位置づけられたパフォーマンス課題は，既習事項から得られた学習内容を根拠に進める「入れ子構造」になっていること。

②この地理的分野「アジア州」の単元は，中学1年での実施であることを考慮し，中国とインドの二者択一としていること。

③会社の方針を示すことで，課題解決のための前提条件を設定し，より説得力ある主張（提案書）を作成する必要があるように設定されていること。

特に③の「会社の方針」の設定が秀逸です。これがなければ思考の方向性がバラけてしまい，生徒によって作成された提案書を吟味することが難しくなってしまいます。その点で以下のように「隠された前提条件」が仕込まれていると言えます。それを示したのが下の図です。

「会社の方針」の隠された前提条件

①**建設後50年はその国で自動車生産を行う**

50年間の長期計画のスタートであることから、現地での政治的な安定が絶対条件

②**部品の10％は日本から輸出する**

部品の10％ということは90％は現地生産なので、現地での高い技術水準とその維持が必要

③**最新の自動車運転技術の開発をその国で行う**

生産のみならず開発を手がけるためには教育水準が高いエンジニアや研究者を確保できる必要

④**生産した製品の7割はその国で販売する**

現地販売が実質の売上数となるには、その国の経済力が一定の水準にあり安定している必要

⑤**残りの3割を近隣の国で販売する**

近隣諸国との良好な関係があり、さらにそれらの国も経済力が一定の水準である必要

これらの前提条件と隠された前提条件を理解した上で，生徒は主張をつくらなければなりません。その時に使用されるのがクラゲチャートということになりますが，松井案では「中国」

と「インド」の二者択一ですので，ベン図のような「比較する」というシンキングツールも使用可能です。ロイロノート版シンキングツールは，一度ベン図で作った比較図を一瞬で，クラゲチャートに変換できる（カードはそのまま）ので，このようなシンキングツールを限定しないで，生徒に任せて考察を進めさせる場合にも非常に簡単に操作ができるようになっています。

さて，優れた松井案をもとに，私は平成29年に以下のようにアレンジを加えて実施しました。

あなたは大手自動車会社に勤めています。来年度、会社では新工場をアジアの国または地域に建設する予定です。8月の重役会議で候補地は4つの国に絞られました。4つの候補地とは、東アジアの「中国」、東南アジアの「タイ」、南アジアの「インド」、西アジアの「UAE」です。新工場建設PTのリーダーに任命されたあなたは、9月の重役会議で、新工場建設地を4つの候補地のうちどの国に建設するのが、最も会社の利益になるかをプレゼンしなければなりません。

会社の方針としては，以下のことが8月の重役会議で決定しています。
① 建設後30年はその国で自動車生産を行う。
② 部品の10%は日本から輸出するが、その他の部品は現地の工場で生産する。
③ 生産だけでなく最新の自動運転技術の研究と開発もその工場で行う。
④ 生産した製品の70%はその国で販売するが、残りの30%はその近隣の国で販売する。

さて、4つの候補地のうち、どこに建設するのが最も会社の利益になるか。候補地を1つ選び、その候補地を選んだ理由をデータを示しながら説明し、また選ばれなかった候補地については、選ばなかった理由をあげて、重役会議に提出するプレゼン提案書を完成させてください。

前提条件は整理しただけで，ほぼ同じです。一番違うのは候補地を4つにしたことです。それはアジア州のそれぞれの地域の学習で得られた既習事項をより反映させるようにしたかったからです。

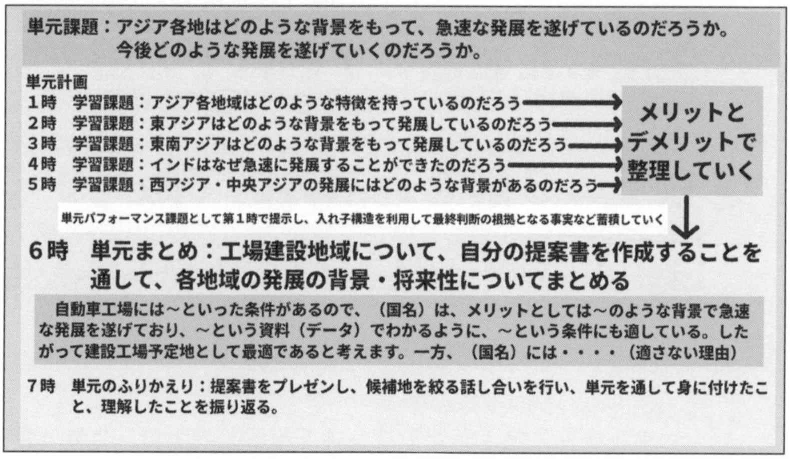

単元課題：アジア各地はどのような背景をもって、急速な発展を遂げているのだろうか。今後どのような発展を遂げていくのだろうか。

単元計画
1時　学習課題：アジア各地域はどのような特徴を持っているのだろう ──→
2時　学習課題：東アジアはどのような背景をもって発展しているのだろう ──→　メリットと
3時　学習課題：東南アジアはどのような背景をもって発展しているのだろう ──→　デメリットで
4時　学習課題：インドはなぜ急速に発展することができたのだろう ──→　整理していく
5時　学習課題：西アジア・中央アジアの発展にはどのような背景があるのだろう ──→

単元パフォーマンス課題として第1時で提示し、入れ子構造を利用して最終判断の根拠となる事実など蓄積していく

6時　単元まとめ：工場建設地域について、自分の提案書を作成することを通して、各地域の発展の背景・将来性についてまとめる

自動車工場には〜といった条件があるので、（国名）は、メリットとしては〜のような背景で急速な発展を遂げており、〜という資料（データ）でわかるように、〜という条件にも適している。したがって建設工場予定地として最適であると考えます。一方、（国名）には・・・・（適さない理由）

7時　単元のふりかえり：提案書をプレゼンし、候補地を絞る話し合いを行い、単元を通して身に付けたこと、理解したことを振り返る。

③ まとめ

第3章世界の諸地域 『アジア州 ～急速に進む成長と変化～ 』 　　　単元目標　それぞれのアジアの国や地域が、急速に経済成長した理由とその将来性を考えよう。

単元パフォーマンス課題　　　「アジアの新工場建設に向け，提案書をつくろう！」

あなたは大手自動車会社に勤めています。来年度、会社では新工場をアジアの国または地域に建設する予定です。8月の重役会議で候補地は4つの国に絞られました。
4つの候補地とは、東アジアの「中国」、東南アジアの「タイ」、南アジアの「インド」、西アジアの「UAE」です。
新工場建設PTのリーダーに任命されたあなたは、9月の重役会議で、新工場建設地を4つの候補地のうちどの国に建設するのが、最も会社の利益になるかをプレゼンしなければなりません。会社の方針としては、以下のことが8月の重役会議で決定している。

① 建設後30年はその国で自動車生産を行う。
② 部品の10％は日本から輸出するが、その他の部品は現地の工場で生産する。
③ 生産だけでなく最新の自動運転技術の研究と開発もその工場で行う。
④ 生産した製品の70％はその国で販売するが、残りの30％はその近隣の国で販売する。

さて、4つの候補のうち、どこに建設するのが最も会社の利益になるか、候補地を1つ選び、その候補地を選んだ理由をデータを示しながら説明し、また選ばれなかった候補地については、選ばなかった理由をあげて、重役会議に提出するプレゼン提案書を完成させてください。

［パフォーマンス課題分析］

（1）G目的：重役会議で、新工場建設地についてプレゼンをする。

（2）R役割：あなたは4つの候補地を検討するPTリーダー

（3）A聴衆：重役会議（候補地決定機関）

（4）S状況：アジアの4つの国（地域）の将来性をデータを示しながら、論理的に比較検討する。

（5）P生み出す作品：1つの国（地域）に絞られたプレゼン提案書の作成

（6）S成功のためのスタンダード：ルーブリック

S	1つの候補地を選定し、自作のPMI図や根拠となるデータを複数示しながら、会社の方針に従って、その将来性について説明することができる。
A	1つの候補地を選定し、自作のPMI図や根拠となるデータを示しながら、会社の方針に従って、説明することができる。
B	4つの候補地を比較し、1つの候補地を選定することができる。

［つけたいか］（何ができるようになったか）

「単元を貫くパフォーマンス課題の解決のために、各時間の既習事項を多面的に比較分析し、その結論を根拠となるデータを示しながら　アウトプットすることができる。」

［本質的な問い］

「アジア諸国は、どのようにして経済発展を遂げ、その将来性はどうだろうか。」

［永続的な理解］（何がわかったか）

「アジア州では、豊富な労働力、人件費の安さ、経済特区などを理由に外国企業が進出してきている。港湾やハブ空港の整備や観光業（UAE）にもかを入れている。従来のモノカルチャー経済から脱却するために、農業を近代化し、アグリビジネスを進展させる（タイ）などの政策で貿易額も増えた。さらに、鉱産資源が豊富な国（中国）では原料の輸送費を浮かし、安価な工業製品を多く製造している。また、旧イギリス領（インド）では、英語を話す国民も多く、教育を充実させることなどにより、新しいIT産業分野での人材育成も図っている。以上のような理由などからアジア州では、近年経済発展している国や地域が多い。さらに将来性の評価も高い。アジアNIESやBRICSに名を連ねる国や地域も多く、政情不安定や格差社会などのデメリットも指摘されているが、今後30年は、ロシアを含めたアジアを中心に世界経済が活性化されていくだろうと考えられる。」

［学習場面］（どのように学んだか）

① 「主体的な学びの場」：単元計画の提示による見通しと各時間の振り返りの設定
② 「対話的な学びの場」：ペア、グループの交流とICT機器の活用による思考の可視化
③ 「深い学びの場」　：根拠（データ、PMI図など）を明らかにした多面的な考察

上の図ではPMI「評価する」も用いています。では最後にクラゲチャートを使用したパフォーマンス課題づくりのポイントは以下の3点になります。

①理由づける根拠やデータなどのエビデンスを蓄積するための時間が必要で，単元まとめの活動に位置付ける。

②クラゲチャートを使って，網羅的な論拠を整理し，統合して主張を強固なものにしていく。

③地理的分野でのシンキングツールの活用は，各種地図（地勢図，分布図など）や統計資料を使い，より広範囲な情報を収集するのに最適である。歴史的分野での実践よりも情報を収集し，編集する力をつけることができる。

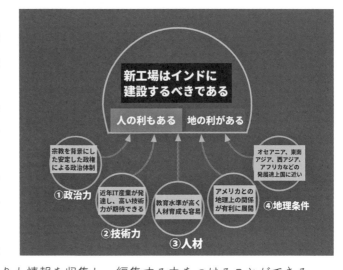

第2章　ここからはじめよう！ツール別わくわくパフォーマンス課題づくり

5 スッキリ理解できるＸチャート 「分類する」の活用

① Ｘチャートを活用する課題づくりのポイント

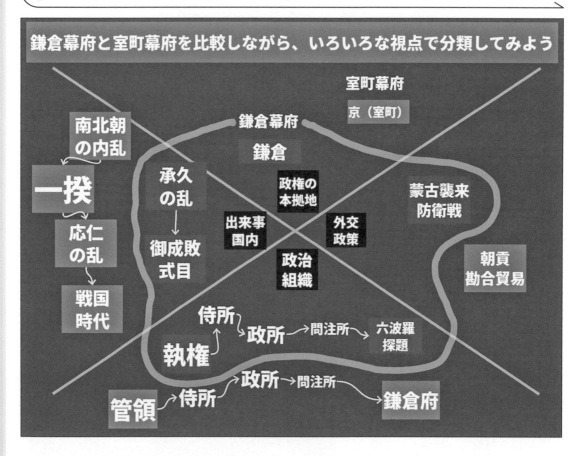

鎌倉幕府と室町幕府を比較しながら、いろいろな視点で分類してみよう

　Ｘチャートまたは Ｙ チャートや W チャートは「分類する」「多面的にみる」場合に使用されます。それぞれの違いは視点の数であり，特に社会科では 3（三大改革や三奉行など）または 4（政治面，社会面，外交面，文化面など）という数字が多く，視点も 3 か 4 に分類するのが一番わかりやすく，考えやすいので Ｘチャートか Ｙ チャートが使われることが多いようです。

　上図のＸチャートは鎌倉幕府と室町幕府を「政権の本拠地」「出来事国内」「政治組織」「外交政策」の 4 つの視点に分類して，その特徴を可視化しようというもので，同時に 2 つの幕府の違いもわかるように「多面的にみる」工夫がされています。そしてこのＸチャートを元にし

て，他の情報から以下のような考察結果「新しい考え」を生み出すことができます。

　「鎌倉幕府と室町幕府は政治組織の根本は似ていることから，継続性が認められるが，京に幕府を開いた室町時代は戦乱や一揆などが多く，将軍の地位が安泰であった期間が短いようである。また外交関係でも強硬な姿勢で臨んだ鎌倉幕府よりも，柔軟で貿易による利益を優先させようとした政策などから，幕府が弱体化する要因となるものを排除しながらも他の武士（守護大名）を従わせるために苦労していたことがわかる」

　つまりＸチャートでは，多くの情報や歴史的事象を４つの視点で分類するために，それぞれの視点で対象となっている時代や出来事，人物や政策を吟味しなおすことが要求されます。そこに個々の判断の違いが生み出され，それが可視化されることで，協働の土台を作り出すことができるわけです。４つの視点のどれかに重みをおいて，「新しい見方による考え」を作り出すことができます。

ロイロノートシンキングツールを活用した　　　　中学社会科歴史分野を例にして
「Ｘチャート」
　　　　　　パフォーマンス課題の作り方
〜複数の政策や出来事を比較し、共通する観点により分類する〜

R　人物（人名、身分、職業など）を想定する。
S　その人物が困っている、迷っている状況、窮地の状況
　　を設定する。単一の効果ではなく、総合的な判断が必要な状況。
　　①政策や出来事をその効果や影響で分類しなければならない。
　　②分類された政策や出来事を新たに統合する観点をつくる必要。
G　自分の考察結果とプレゼンに対する賛同または高評価。
p　どんな形でシェアするのか＝ロイロノート（ステップチャート）
A　自分の表現を評価する人＝グループやクラス全体など
S　表現の評価重要ポイント＝「なるほど」と思わせる説得力

Ｘチャートは単に分類するだけでなく、その分類した結果をもとに総合的な判断を導き出す学習過程で新たな考えが生み出され、その効果が発揮される。

　分類するために使用した視点をただ羅列するのではなく，それを統合できる新たな観点を作り出しながら結論を示します。例えば鎌倉幕府と室町幕府の違いは「幕府の権力基盤が弱いためにどのような工夫をしていたか」という新たな観点（観点は物事を広く考察する立場）を生み出したわけです。

ですから p.49の図のようにパフォーマンス課題で使用する場合には，シナリオに視点から観点を生み出す工夫を仕込んでおく必要があります。

② 実践例：歴史的分野「SAMURAI 大好き宇宙人の野望」

この授業は平成27年度に広島県府中市立第一中学校に勤務されていた大前力也先生の実践が原案となっています（以下大前案）。

侍（江戸時代）好きの宇宙人が日本にやってきました。ところが、現代の日本では、人々はスーツに身を包み、高層ビルが立ち並び、馬ではなく車がビュンビュン走っています。明治維新によって、侍の時代（江戸時代）が終わったことを知り、怒った宇宙人は、日本を江戸時代に戻そうとしています。

あなたは、日本で学ぶ学生の代表として、宇宙人を説得することとなりました。明治維新の必然性を考え、説き、宇宙人を納得させて日本を救いましょう。

宇宙人の侵略の目的が「江戸時代を取り戻す」という驚きの理由なのですが，生徒はワクワクしながら「新しい考え」＝宇宙人を説得するメッセージを書きます。大前案は，パフォーマンス課題では，「シナリオをどのように設定するか」で生徒の意欲や関心が違ってくるという好例です。

このパフォーンマンス課題には以下のような特徴があります。

①この課題は単元6時間扱いの冒頭で設定され，明治維新の諸政策を学習した後に，明治維新の必然性についてランキングを行うこと。

②そのランキングをもとに単元まとめの6時間目に「欧米諸国とのかかわりや社会の近代化など，近世から近代への転換の様子を，近世の政治や社会の違いに着目して比較・考察し，

自分の言葉で表現」するというねらいの達成が期待されていること。

③前提条件として「江戸時代のメリットとデメリット」「明治維新の必然性」が視点となっており，観点として「なぜ現代社会を実現するために明治維新が必要であったのか」が最終課題となっていること。

この優れた大前案を原案に私は，以下のようなアレンジを加えて，わくわくパフォーマンス課題を設定しました。

①宇宙人の具体的な疑問を会話調で書き込んだこと。

②生徒が最終的に「新しい考え」を生み出さなければならないゴールを明確にしたこと。

【単元目標】

SAMURAI(江戸時代)好きの宇宙人が、日本にやってきました。ところが、現代の日本では、人々はスーツに身を包み、高層ビルが立ち並び、馬ではなく車がビュンビュン走っています。もちろん刀を腰に差したチョンマゲの侍なんてどこにもいません。

「これはどうしたことだ！私の好きな日本ではないぞ」

驚いた宇宙人は、このような変化が起こったのは今から150年前の明治維新という改革によって、侍の時代(江戸時代)が終わったからだということを知りました。

「あの素晴らしい江戸時代を取り戻さなければならぬ」

怒った宇宙人は、その力で現代の日本を江戸時代に戻そうとしています。さあ あなたはどうやって宇宙人を説得しますか？明治維新がどうしても必要だった必然性を考え抜いて、この宇宙人の企みを中止させて下さい。

さらに学習過程として，右の図のような指示を行いました。

①まず江戸時代と明治維新（明治時代とすると既習内容を超えてしまい，また，戦争など必然性を考えるには難しい内容も含まれてしまうためにあえて明治維新と限定しています）のメリットとデメリットを考える。

①明治維新の政策を調べよう。
②江戸時代と明治維新のメリットとデメリットをベン図で比較しよう！
③明治維新の政策のランキングチャートを作成し、グループシェアしよう。
④明治維新の政策をXY分析で分類してみよう。
⑤「明治維新の必然性」を考え、宇宙人への手紙で説得してみよう。
⑥振り返りをロイロで、まとめよう。

②次に明治維新の政策を自分の考えた視点でランキングしてその重要度を可視化する。

③最後にＸまたはＹチャートで明治維新の政策を多面的に分類し，手紙の土台とする。

　右の図はそれぞれのシンキングツールを使用するねらいです。

比較する	２つの時代で連続しているものが見えてくる。現代社会とのつながりがわかる。	明治維新の必然性を考え、宇宙人を説得するメッセージを作成しよう！
順序付ける	明治の必然性が見えてくる。逆に未熟さもわかる。	
分類する	明治維新のめざす姿が見える。多様な改革がすすんでいたことがわかる。	

　このように複数の思考スキルを組み合わせ授業を展開する場合に，ロイロノート版シンキングツールの真骨頂ともいえる「シンキングツールの変換」が非常に役に立ちます。カードはそのままに背景画像になっているシンキングツールを変更することで思考を途切れさせることなく，連続して継続させることができるからです。変換の度に思考が深まっていくことがわかります。

　またロイロノート版シンキングツールを使用する場合に，その作成過程や思考の途中経過を残すためには従来の社会科ノートへの記入も必要です。ロイロノート版シンキングツールは結果を示すものですから，途中経過はノートに詳述しておくことで，その後のグループ共有や全体でのプレゼン，事後学習に役立てることができます。

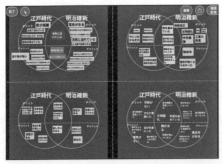
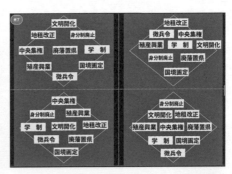
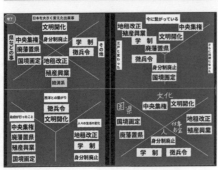

③ まとめ

完了あなたは、江戸時代の方が素晴らしい時代だと思っているかもしれませんが、文明開化や身分制廃止がないと、この近代的な日本はなかったと思います。しかも、今身分制廃止がなかったら、あなたは差別されていたかもしれません。
私たちは、あなた方宇宙人が今の日本を認めて、江戸時代より素晴らしい時代になっていると思ってくれることを望んでいます。
そのために私たちも、今の日本が素晴らしいということを発信していきたいと思います。

あなたは、ちょんまげを生やした侍が沢山いた頃の江戸時代が良いと思うかもしれませんが、明治時代にも魅力が詰まっています。西洋から新しい文化が入り、街は活気に溢れています。そして、現代の日本に繋がっていることが多く明治時代がなかったら不便だと思うことが多かったかもしれません。
私たちは宇宙人が明治時代の文化などを受け入れて江戸時代ではない時代にも目を向けることを望みます。なので、私たちも宇宙人の考えかたを受け入れてこれからも自分達の住む世界について学ぶことに努力します。

あなたは常に改革をし、芸術、文化を生んだ江戸を望むかもしれませんが、江戸は身分差、差別が絶えず外国との交流がないため近代化もなく人々がさらに豊かで幸せになることはあり得なかったでしょう。江戸という一つの礎があり明治で身分差をなくし、金融制度を改めることにより先進国と呼ばれる今の日本があると言う事実もあります。　私たちは身分差も差別もなく、みんなが平等に豊かに幸せになれる日本を、世界を目指します。
そのために、SDGsの発想に基づきエコの町と呼ばれた江戸以上の豊かな国を作れるように努力していきます。

あなたは江戸時代が良いと思うかもしれません、確かに今につながるものもあったかもしれませんが、簡単に人の命を奪ったり、身分による差別があったことも事実です。現代の世の中を江戸時代に変えることは、そのような基本的人権の尊重をそこなうような事も含まれるので、私達はあなたの要求と江戸の良い所を最低限の努力で作り上げたいと思います。なので現代を江戸時代に変えることは申しわけありませんがおやめください。

上の図は「宇宙人へのメッセージ」と「ふりかえり」およびグループ共有の場面です。

Xチャートを使用したパフォーマンス課題のまとめは以下のようになります。

①課題の中に「多面的に見ながら分類する」視点を示し，新しい観点を生み出す「思考のジャンプ」を生み出させること。決して分類したことをそのまま文章化するのではないこと。

②複数のシンキングツールを使用しながら，思考の連続性を担保し，考えを整理させること。

③考えを膨らませるためには，パフォーマンス課題にはワクワク感と具体性が必要であること。

第2章　ここからはじめよう！ツール別わくわくパフォーマンス課題づくり

6 見方が広がるバタフライチャート 「多面的にみる」の活用

① バタフライチャートを活用する課題づくりのポイント

　バタフライチャートは「多面的にみる」という考えを助けてくれます。真ん中のトピックに対する賛成と反対のそれぞれの立場を考えるということを生徒が経験する中で、物事を一面ではなく、多面的に考えるということができるようになります。

　これはディベートを行うことで育成できる能力と同じ効果を生み出すことになります。

　注意すべきことは、トピックは賛否が分かれる問題であるということです。一方の意見に偏ってしまう場合は思考が深まりません。そのような場合にはグループ共有で、友達の賛成理由

や反対理由で自分の考えを補強していくことが必要となります。このような場合でもロイロノート版シンキングツールなら，カードを生徒間で送信することができるので，紙で作ったバタフライチャートよりも「簡単に，素早く」協働学習を深めることができます。

ロイロノートシンキングツールを活用した

「バタフライチャート」
パフォーマンス課題の作り方
～ディベート的トピックに対して多面的な考え方ができる～

R 人物（人名、身分、職業など）を想定する。

S その人物が困っている、迷っている状況、窮地の状況
 を設定する。賛否の分かれる問題に対して結論を出さなくては
 ならない状況を考える。
　①賛否が分かれる問題に対して、両方の立場から考える必要。
　②両方の立場を踏まえた上で、最終判断と論拠を示す必要。

G 自分の最終判断とプレゼンに対する賛同または高評価。

p どんな形でシェアするのか＝ロイロノート（ステップチャート）

A 自分の表現を評価する人＝グループやクラス全体など

S 表現の評価重要ポイント＝「なるほど」と思わせる説得力

> バタフライチャートでは賛否の分かれる問題の両方の立場を経験する。それにより多面的な最終判断を新たな自分の考えとして導き出すことができる。

バタフライチャートを活用したパフォーマンス課題では，次のように設定します。

---

①賛否が分かれ，両方の立場から多面的に考えられるような課題を設定する。

②バタフライチャートを交流した後に，再考する時間をつくり最終判断（主張）を考える。

③主張は，自分の意見と対立する意見のどれに絞って反論するのが一番効果的なのかなど
　を判断して書き出す。

　現実社会や過去の歴史的事象では，このような賛否の分かれる問題が多数存在するので，最も活用しやすいシンキングツールです。「見方を広げる」ことができるために，いずれバタフライチャートを使用しなくても，あらゆる問題に（学校行事の見直しや学級会活動の点検など）も多面的で，多角的な考え方を発揮できるようになることが期待できます。

　またバタフライチャートは，一般的に右羽根に賛成を，左羽根に反対の意見を書くようになっていますが，以下で紹介する実践例ではそのようになっていない場合があります。

② 実践例：歴史・公民的分野統合「明智光秀への融資」

　シンキングツールだけでなく，ロイロノートを使用したことがあまりない初心者の生徒たちの授業では，段階を踏んだ指導が必要です。今回の実践例は，中学１年生の授業で「ロイロノートどころかタブレット端末の電源すら入れられない生徒」がいるような状況からのスタートでした。そこで，以下のような授業計画のもとに進めていきました。

　第１時は，タブレット端末の操作に慣れるためにクラゲチャートで自己紹介。

　第２，３時は，身近なパフォーマンス課題「公平くんのスマホ購入計画に親は融資すべきか」をシンキングツールの変換も経験しながら，主張をまとめていく。

　第４，５時は，最終的にねらいとするパフォーマンス課題「明智光秀への融資」に取り組む。

　この２時，３時で実施した「公平くんのスマホ購入計画に親は融資すべきか」という課題は，次時の「明智光秀への融資」の事前学習を兼ねています。中学１年生にはあまり馴染みのない「融資」「事業計画」「返済」「担保」「保証人」などを学びながら（次時で重要な意味を持つ）ピラミッドチャートとバタフライチャートを同時に体験する内容でした。パフォーマンス課題の設定が，生徒にとって身近な内容でしたので，授業のねらいは容易に達成できました。

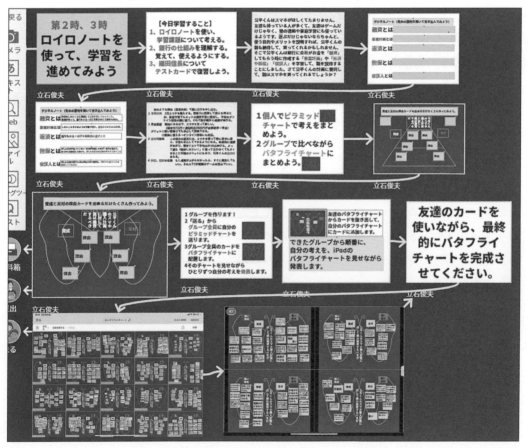

公平くんはスマホがほしくてたまりません。友達も持っている人が多くて、友達はゲームだけじゃなく、塾の連絡や家庭学習にも使っているようです。遊ぶだけじゃないならちゃんと、使う目的やメリットを説明すれば、公平くんの親も納得して、買ってくれるかもしれません。そこで公平くんは銀行に会社がお金を「融資」してもらう時に作成する「事業計画」や「返済や担保」「保証人」を学習して、親を説得することにしました。さて公平くんの計画に賛同して、親はスマホを買ってくれるでしょうか？

デジタルノート（先生の説明を聞いて書き込んでみよう）

融資とは 自分のしたいことに賛同してお金を貸してもらうこと。金利があって、借りたお金＋利子を戻さなくてはならない。

事業計画とは したいことをどのような手順で行い、成功させるための計画。

返済とは 借りたお金＋利子を期限内に返すこと

担保とは 貸したお金が返ってこない（計画が失敗したなど）場合に備えて、あらかじめ約束しておいて、貸したお金分の品物を押さえておくこと

保証人とは 貸したお金を借りた本人が払えない場合に、代わりに払うことを約束してくれる人

次のような理由（事業計画）で親に融資を申し込む。
1　事業計画　3月スマホを購入する。塾帰りに携帯して迎えを呼ぶと
　　　　　　か、家庭学習でもネットの講座学習に使用し、学校のオン
　　　　　　ライン授業の際に使う。それで新学期から成績が伸びる。
2　資金使途　便利になるので、スマホを買って欲しい。
　　　　　　（端末代7万円＋通信料月3000円が必要経費＝資金）
　メリット①遅い塾帰りでも安心して連絡できる。
　　　　　②勉強に使える→オンライン授業にも対応。
3　返済可能性　　この場合の返済とは、スマホを使って塾に安全に通
　　　　　　え、学習も安心してできるようになる。結果的に成績
　　　　　　があがり、期末テストで平均点が10点伸びる。よっ
　　　　　　て親も「勉強しなさい！」と怒って言わなくてもよく
　　　　　　なることが親のメリットにもなり、公平くんの返済に
　　　　　　あたる。
4　担保、保証の有無　　もし成績が上がらなかったら、すぐに解約しても
　　　　　　いい。その上で1学期間はゲームは禁止でいい。

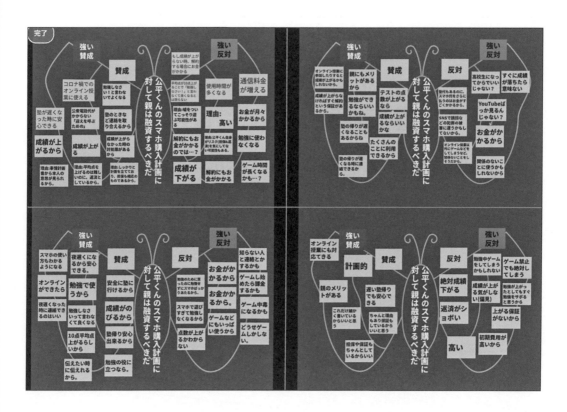

さて本題にあたる「明智光秀への融資」には，実はヒントをいただいた素晴らしい動画があります。それは freee finance lab 株式会社が作成した動画で，この動画を作成した freee finance lab は，統合型経営プラットフォームを開発，提供している freee 株式会社の子会社ということですから，まさに「融資」や「会計」などの金融のプロが制作したものでした。

この会社が「融資を身近なものに感じられるように」というコンセプトで制作されたのが，「その時お金が動いた。明智光秀が借入相談に来たら融資する？」という YouTube 動画（https://youtu.be/GF2xA2fDom0）で，非常にわかりやすく，ワクワクするような内容でした。これにより銀行が融資する際に行う具体的な検討事項について理解することができました。

またこの内容は歴史的分野だけでなく，公民的分野の経済単元でも実施することが可能です。

壮大な事業計画のための融資の話

時代は戦国時代

私が freee finance lab 株式会社が作成した動画を，授業で行うためにアレンジしたのは以下のような点です。

主人公は木許四郎次郎（戦国時代の豪商）

①時代を戦国時代とする。中学1年生が3月に履修する歴史的分野の学習内容が，戦国時代であるために授業の延長線，学年末のまとめとして実施できる。

②当時の京の豪商「茶屋四郎次郎」を想定した架空の町衆を主人公にし，さらにその人物の考え方などの背景設定を作り，生徒が判断する時の根拠となるエピソードを作った。

③前時の「公平くんのスマホ購入計画」での既習事項も活用しながら，「融資」「事業計画」「返済」「保証人」「担保」などの語句を使用した最終判断（主張）ができるようにする。

④2時間扱いとし，十分な考察時間やグループ共有時間をとる。またワークシートを準備することで，初心者の多い中学1年生の「思考の助け」とする。

あなたのプロフィール

実家は都（京都）の老舗商家。室町時代に高利貸業を始め、「都一の土倉」と呼ばれるほどになり、資産は300億円以上。町衆として祇園祭なども取り仕切る実力者となった。それ故に多くの戦国大名とも取引があり、特に織田信長や徳川家康には茶会に呼ばれるなど贔屓にされていた。また熱心な浄土真宗（一向宗）の信者で、本願寺とも仲が良かったし、堺の商人たちとも交流があった。たしかに戦国の世は儲けは多かったが、戦火で町が焼かれてしまうこともあり、僧や庶民の命も危ない世の中だったので、できれば早く誰もが幸せで平和な世で、商売をしたいと思っている。

「木許四郎次郎」のプロフィールには以下のような「隠された前提条件」を仕込んでいます。

① 生徒の既習事項の「土倉」「町衆」などの戦国時代の役割を理解しているか。またそのような実力者が「祇園祭」などの文化の担い手であったことを理解しているか。

② 戦国大名はじめ町衆は，茶の湯を嗜み，茶器などが大変高価な値段で取引されていたこと。

③ 四郎次郎の資産は300億円以上であるので，融資は可能であること。

④ 織田信長とも親しい間柄であったこと。茶器の売買などで関係があったことが予想される。

⑤ 自分は浄土真宗（一向宗）の信者であったこと。織田信長は一向一揆に長年苦しめられてきた事実があり，最終的には本願寺は信長の軍門に下った悔しい記憶があること。

⑥ 四郎次郎は堺の商人仲間とも取引があり，信長に抵抗していた自治都市であった堺も，やがて支配下に入ってしまったこと。

⑦ 京は戦国時代にたびたび戦火にあい，安心して商売ができる環境を望んでいたこと。

④を除けば，いずれも「融資賛成」の立場の論拠になりますが，本能寺の変の歴史的結果をすでに学習している生徒にとっては，「融資反対」＝本能寺の変は成功したが，結果，明智光秀はその後に秀吉に倒され，もし融資していても貸し倒れになるはずだ，という事実に反証するために偏ったプロフィール設定にしてあります。賛否が分かれるようにするためです。

パフォーマンス課題シナリオ部分では，臨場感あふれるものにしてあります。

また融資依頼の内容に記載した金額などは，freee finance lab 株式会社の動画を参考に自作しています。

あなたへの融資依頼

あなたは戦国時代の京都の豪商である。

今まで大名などにお金を貸したり、武器を調達するなどの商売を行なって利益を上げてきた。

天正10年（1582）5月。あなたのところに、ある大名がお金を融資してほしいとやってきた。その大名は「この話は秘密にしておいてほしい」ということだったが、相手を見て、あなたは驚いた。

あの明智光秀だった。

光秀の融資依頼は次のようなものであった。

1、自分の主君の織田信長を討つつもりだ。

2、理由はいろいろある。恨みだけではない。

3、時は天正10年（1582）6月2日早朝予定
　　京都の本能寺に宿泊している織田信長に対して謀反を行い、殺害する。

3、そのために自分の家来以外に追加で
　　5000人の兵を急いで雇いたい。

4、その費用として62億円が必要なので、
　　融資してほしい。

（家来一人あたり兵糧や保険も含めて124万円）

話を聞いたあなたは、お金を貸すのは容易だが、はたして光秀に返済の見通しがあるのかが気になった。そこで次のことを質問してみることにした。

1. 事業計画は達成できる？
2. 返済のお金はどこから？
3. 事業計画のリスクは？
4. 担保としては何がある？
5. 保証人になってくれそうな大名はいる？

木許四郎次郎はこの「明智光秀の事業計画（謀反）」に融資するべきだろうか。それともするべきではないだろうか。その理由を明らかにして文章で答えなさい。

※実際の謀反の結果に、こだわる必要はありません。

　課題については「謀反の成功」「その後の光秀の悲劇」から判断するのではなく、あくまでその時代（未来がわからない）の人物として判断することが歴史的分野では重要で、それが多面的で多角的な見方を育成してくれるはずです。

　ですから融資するかどうかは、一般的な「銀行の融資」とはどんなものなのか、それはどうやって決定されているのかを具体的に学習することで、融資への「賛成」と「反対」の合理的な理由づけをすることができるわけです。そのために「知りたい５つの質問」が準備されています。その５つの質問に対する「光秀の回答」は以下のようになります。

事業計画（謀反の成功）の達成確率は90％以上です。これは当時の家臣の動向などを地図で説明します。

生徒は本能寺の変については，すでに歴史の授業で，学習済みです。そこからより詳しく設定していきます。

1 事業計画は達成できる？
謀反成功率90％以上

1 信長の家来は京都の近くにいない。想定外がいなければ。
2 豊臣秀吉は毛利と戦っているので岡山にいる。
3 柴田勝家は上杉と戦っているので富山にいる。
4 次男信勝は伊勢松島城にいる。
5 丹羽長秀と三男信孝は大阪で四国攻めの準備中である。
6 徳川家康は家来150人ほどと堺で観光中のはずである。
7 信長が本能寺に連れて行く家来は100人くらいである。
8 長男信忠も妙覚寺に1500人の家来ともに宿泊予定。
9 明智光秀の兵は自分で集められるのは12000人ほど。できるだけ短時間で倒すためには、家来は多いほどよい。長引けば、京都近辺の信長に味方する武士が集まり始め、不利になる。

返済金については当時のお金では換算が難しいので，今のお金として表しています。

リアルであればあるほど，生徒たちのワクワク感が増します。

2 返済のお金はどこから？

1 織田家だけで150万石（1125億円）
2 織田家家臣も加えると787万石（5900億円）

3 成功すれば1年で1125億円は確実に手に入る。
　　3年で＋3000億円増収。（1石＝75000円で計算）
4 光秀は滋賀県と京都府北部を支配しているが、成功すれば信長の滋賀県南部から大阪までも掌握できるので、大阪から琵琶湖までの商業をすべて支配できるため、莫大な利益がある。天下を取れる可能性もある。
5 62億円融資＋金利5％（3億円）＝65億円は、1年以内に100％返済が可能である。またその後の取引も期待できる。

事業計画のリスクがあるが，それをどのように回避する予定なのか光秀の考えを書いています。

京の豪商の四郎次郎には最も気になる点だと予想されます。

3 事業計画のリスクは？

1 リスクは少ないが、日和見な大名からは人質をとって、裏切られないようにするつもり。
2 信長は絶対に私が謀反などしないと信じきっているから油断しているはず。
3 長引かないように即座に勝負を決する。
4 都の町衆には迷惑をかけない。すぐに朝廷に謀反を報告し、これ以上、都でいくさをするつもりはない。

担保については前時に学習済ですので，この時代に担保となるものについて書いています。参考動画から引用したものにプラスして，地域に新設された身近な建造物を例にあげてもいいと思います。

融資反対の理由として担保の有効性はグループ討議でも話題になっていました。

4 担保としては何がある？

戦国時代なので、城や馬、武器、米などが担保にできる。特に米は市場性が高いので、高く売れるはず。光秀は城を2つ持っている。一つは京都北部の亀山城。もう一つは琵琶湖の坂本城。最も高い城は信長の安土城（推定1000億円）だが、亀山城も坂本城も200億円以上の価値はある。城は光秀のもので他の人が勝手に、すでに「担保」にしてしまっていることはない。

保証人については，事実，光秀に味方してくれる大名が少なかったことや謀反後の見通しの甘さがあったということが指摘されています。

これも融資反対の理由になります。保証人について生徒が学ぶことは，これから先にもきっと役立つ知識になるはずです。特に18歳から契約できるようになった今は金融について早くから学ぶことは大切です。

5 保証人になってくれそうな大名はいる？

細川藤孝は、自分の娘を藤孝の息子の嫁にしたので、親戚関係にあたり、味方になってくれそうだ。他にも信長に反感を持っている大名や商人、僧なども話をすれば保証人として期待できるかもしれない。また信長に京都から追い出された将軍足利義昭が広島に住んでおり、連絡できれば力になってくれるかもしれない。正親町天皇も同じである。ただ謀反の後、周りがすべて敵となれば保証人を辞める人もいるだろうし、事前に保証人になってくれと相談すると、謀反の秘密がばれてしまい、裏切られると怖い。

バタフライチャートによる思考の助けとは何かを生徒にも説明し，今何のためにチャートを使って，学習しているのかを共有します。

また最初は両方の立場から考え始めることが重要で，その後，グループでバタフライチャートを共有し，それを使って最終判断（主張）を作りあげます。最後に振り返りで2時間の授業での自分の成長をメタ認知させます。

自分の考えとは別に
融資する場合と
融資しない場合の
両方の理由を考えよう。
これを多角的（人）
多面的（もの、こと）
に考えるといいます。

③ まとめ

①バタフライチャートを使用したパフォーマンス課題は「多面的にみる」ために，トピックを
　賛否両論が成り立つようなものにする。

②そのために賛成，反対の論拠となる前提条件（歴史的分野なら架空だができるだけ事実に近
　い資料）から準備することが必要である。

③最終判断（主張）はバタフライチャートのすべてを使うのではなく，重みづけをしたり，対
　立する意見に対して最も効果的な理由を使って，「新しい考え」を構成する。

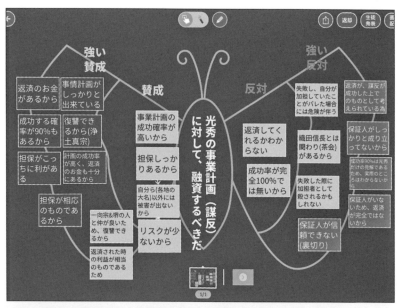

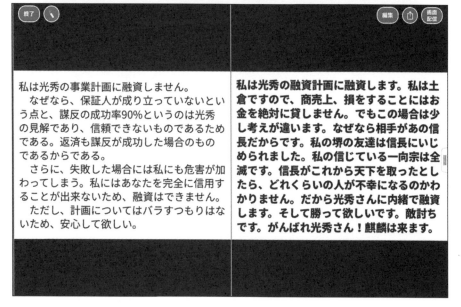

第3章

ここまでいこう！
フルスペックわくわく
パフォーマンス課題

1 シンキングツールをフル活用した授業デザイン①

1 学習過程と複数シンキングツールの活用ポイント

　第２章において，代表的なシンキングツールを使用したパフォーマンス課題とその実践例を紹介しましたが，第３章では，さらに次のような「フルスペック」活用法を紹介します。

　まず授業デザイン①として，パフォーマンス課題を複数の連続するシンキングツールを使用する学習活動を通して，思考スキルをスムーズに変換する授業パターンを紹介します。

　次に授業デザイン②として，単元パフォーマンス課題に設定した課題を，どのような単元計画で実施していったのかという実践例を紹介します。６～７時間扱いの単元計画です。

　最後に授業デザイン③として，情報活用能力の育成を視野に入れたシンキングツール使用の授業を紹介します。

　この３つの授業デザインは，いずれも「１つの題材，１つのパフォーマンス課題，１つのシンキングツール使用」という「１－１－１」の形ではなく，「１－１－４」であったり，「６－１－６」であったりします。そのような形を総称して，ここでは「フルスペック」と表記しています。例えば下の図の授業はパフォーマンス課題の設定はありませんが，複数のシンキングツールを使用しています。

　この授業では，課題は「織田信長と豊臣秀吉の政策を比較しよう！」という目標で５時間扱いになっています。

　第１時①では，信長と秀吉の政策をベン図で比較し，共通点と相違点を可視化します。

　第２時②では，「もし信長が本能寺の変で死んでいなかったから，どのように世の中は変わっていただろうか」をキャンディーチャート「仮定する・見通す」で可視化します。

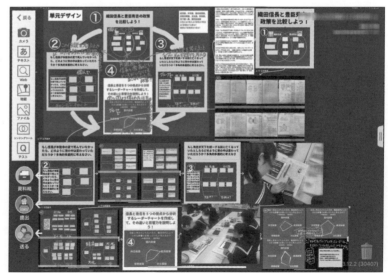

第3時③では，「もし秀吉が天下統一する前に亡くなっていたとしたら，どのように世の中は変わっていただろうか」をフィッシュボーン「多面的にみる」で可視化します。

第4，5時④では，これまでの考察をふまえて，「信長と秀吉を5つの視点（国内政策，外交政策，宗教政策，文化貢献，経済政策）で分析し，どちらが戦国時代により大きな影響力を持っていたと考えられるか」をレーダーチャートで可視化し，グループ共有の後，主張をまとめます。この5時間でシンキングツールを3回変換したことになります。

ですからこの授業にパフォーマンス課題を設定していれば，「1－1－4」の形になるわけです。

ロイロノート版シンキングツールは全部で23種類が実装されていますが，その中の1つのシートだけは授業者が自由に作図することができるようになっています。この授業の最後の探究に使用したレーダーチャートは実装されていないので，そのようなシートだけのツールに自作しています。ロイロ上で自作すれば，他の場面でも使用が可能になりますし，それを自分の資料箱に保存することで，いつでも呼び出すことができるオリジナルシンキングツールを作ることもでき，大変便利です。

このようにシンキングツールの活用の幅を広げられるのは，デジタルならではの利点です。

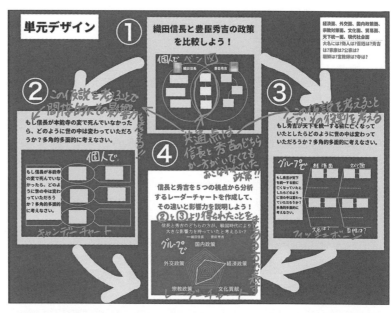

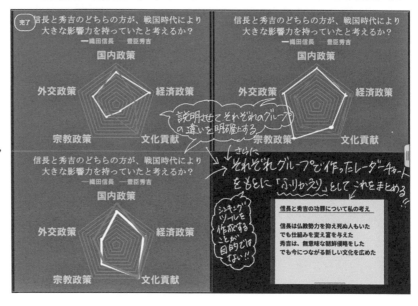

複数のシンキングツールを用いるには，授業のねらい（思考スキルの流れ）に沿った理由が必要です。例えば下図は道徳の授業で複数のシンキングツールを使用して，授業のねらいとする道徳的価値にせまる場合の「黄金パターン」です。

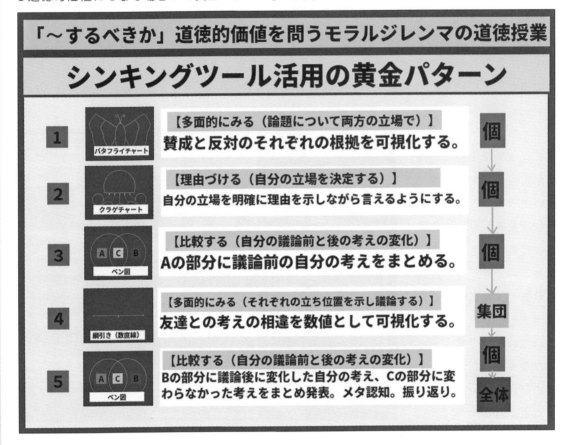

　モラルジレンマ授業とは，葛藤場面を設定した道徳的課題について結論よりもその理由づけを討論することで，道徳的実践力を高めようとする授業です。

　このような道徳授業では，授業の各段階でどのように生徒の思考や判断が変わったのか，それはどのような理由からなのかが，振り返りの段階で生徒自身にも可視化されていることが，メタ認知の育成にもつながる重要なポイントになります。

　その上でも，どのシンキングツールを使って，「今どんな思考スキルを用いて，何について自分は考えているのか」を明確にし，「その結果，どのように道徳的判断が変わってきたのか」を振り返ることができるロイロノート版シンキングツールは有効な授業アイテムだといえます。

　上の図の「黄金パターン」では，

①まず自分の意見は別にして，バタフライチャート「多面的にみる」で両方の立場に立つ。

②次に自分の立場を明確にして，クラゲチャート「理由づける」でその論拠や反対の立場への効果的な反論を考える。

③さらに討論前にベン図「比較する」を使用して，自分の考えの変化をまとめるシートを作る。Ａの部分に「議論前」の自分の考えを記入しておく。

④グループ討議や全体討議の中で，自分と友達の立場を数直線チャート（綱引き）「多面的にみる」で可視化し，より議論を活発化させる。

⑤最後に③で作成していたベン図に議論で，Ｂに「変わったところ」とＣに「変わらなかったところ」を書き込み，自分の最終判断（主張）をまとめ，最後に振り返りをする。

この授業パターンでは，広島県福山市立鷹取中学校の平井奈穂子先生の実践例があります。（黒上晴夫編著『思考ツールでつくる考える道徳』小学館，2019年）

このように使うことで，それぞれのシンキングツールが，道徳的課題を解決するために適切に配置され，手順化されたことで生徒の「考える」を助けることになっています。

闇雲に変換したり，必要以上にシンキングツールを使用することで逆に「考える」ことの妨げになったり，使うことが目的にならないように（第2章のように当初の基礎的な段階では，「使う」ことが目的化することは悪いことではありません）注意する必要があります。

ではそれを踏まえた上で，複数のシンキングツールそのものを課題とは関係なく，授業でどのように使われているのかを考察してみますと，下の図のような興味深い結果があります。

授業で使われているシンキングツール

1 ウェビング 広げる 19	7 PMI/KWL データチャート 評価する 10	13 バタフライチャート 多面的にみる 6	19 Wチャート 分類する 1

拡散（発散）→集約（収束）という使い方が一般的なので，このような結果になっていると思います。例えば 1 →グループシェア 4 → 6 →全体シェア→ 7 が黄金パターンです。

前のページの図は，ロイロノートが公開している各種授業デザイン動画において，どのようなシンキングツールが使われているかを私が調べてまとめたものです（2021年8月時点）。

　この表からわかるように，一番多く授業に使用されているのは，ウェビング「広げる」で，どの教科でも最も使用頻度が高いです（出現回数が同じものは，それが授業のメインで使われているかどうかを加味してランキングしています）。

　これはそれぞれのシンキングツールが担う思考スキルが，授業のどの段階にマッチしているのかを示しているわけで，導入段階で使いやすいウェビングが上位になるのは当然の結果だといえます。つまりどの授業（どの校種でもどの教科）でも共通して，「考え」を拡散（発散）することから，始められているというわけです。

　「考える」という学習過程が，「拡散（発散）→集約（収束）」の方向性で行われることは，よく知られていることなので，シンキングツールも「考える」を助けるツールとしては，その学習過程に沿った使われ方になっています。例を示すと，こういう学習過程になります。

　①ウェビング「広げる」で課題について考えられることを拡散する。

　②それをグループでシェアし，その結果をフィッシュボーン「多面的にみる」でまとめる。

　③自分の主張を「理由」「根拠」を明確にしながら，ピラミッドチャート「構造化する」でまとめる。この場合は上から下へ（主張→理由→根拠）作成する。

　④自分の主張をピラミッドチャートを示しながら，全体の場で発言する。

　⑤友達の発言を聞きながら，自分の主張を再構築させて，最後に最終判断を書く。

　これがシンキングツールを使って行われた授業で生み出された「新しい考え」になる。

　⑥振り返りでは，PMI「評価する」の表を使い，自己評価を含めたこの授業の総合的な自己評価「わかったこと」「できるようになったこと」「今後に活かせそうなこと」などをまとめる。

　これらの考察を加味した上で，一般的なロイロノート版シンキングツールを学習の各段階に位置づけて分類したものが，次のページの表になります。この表は次のような複数の過程をリンクさせて示しています。さらに左から右へ授業が展開する時系列になっています。

　①一番上は「情報活用」の段階を示しています。

　②その下にパフォーマンス課題を設定した学習過程を示し，重要な「ブレスト」の段階において「アイデア拡散」では「独創性＝量」が重要で，それに「スリット」で視点を絞り込み，「アイデア集約」では「論理性＝質」を求めるというように配置しました。それらの段階を踏まえた上で，「考えを生み出す」「シェアする」「振り返り」につながっていきます。

　③その下は「新しいシイタケを使った郷土料理を創作し，互いに食レポをしよう」という課題を想定して，「調理過程から食レポまでの過程」で対応する具体例を示しています。

　④最後の一番下の図にシンキングツールを配置し，どのような学習過程の中で，どのようなシンキングツールが適切かを可視化しました。

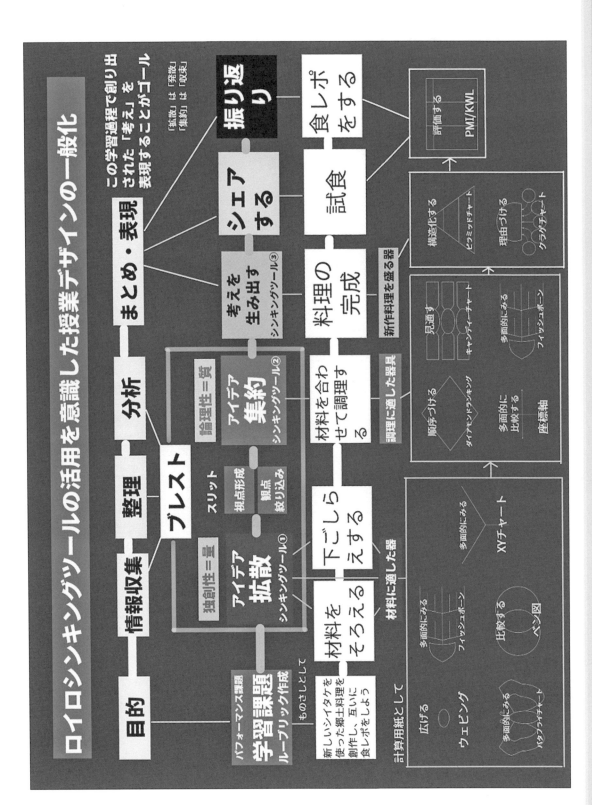

ロイロシンキングツールの活用を意識した授業デザインの一般化

この学習過程で創り出された「考え」を表現することがゴール
「拡散」は「発散」
「集約」は「集束」

目的 ─ 情報収集 ─ 整理 ─ 分析 ─ まとめ・表現 ─ 振り返り

振り返り

シェアする
考えを生み出す
シンキングツール③

料理の完成

試食

レポしをする

評価する
構造化する
ピラミッドチャート
理由づけ
クラゲチャート

PMI/KWL

新作料理を盛る器
調理に適した器具

見通す
キャンディーチャート
多面的にみる
フィッシュボーン

順序づける
ダイヤモンドランキング
多面的に比較する
座標軸

材料を合わせて調理する

アイデア集約
シンキングツール②

論理性＝質

スリット
視点形成
観点
絞り込み

プレスト

ブレスト

学習課題
パフォーマンス課題
ルーブリック作成

材料をそろえる

下ごしらえする

材料に適した器

多面的にみる
XYチャート

アイデア拡散
シンキングツール①

独創性＝量

ものさしとして

新しいシイタケを使った郷土料理を創作し、互いに食レポをしよう

計算用紙として

広げる
ウェビング

比較する
ベン図

多面的にみる
バタフライチャート

多面的にみる
フィッシュボーン

② 実践例：地理・公民的分野統合「地域おこしカレー店」

　では前ページに示した「ロイロシンキングツールの活用を意識した授業デザインの一般化」を使った実践例をご紹介します。まず全体像です。

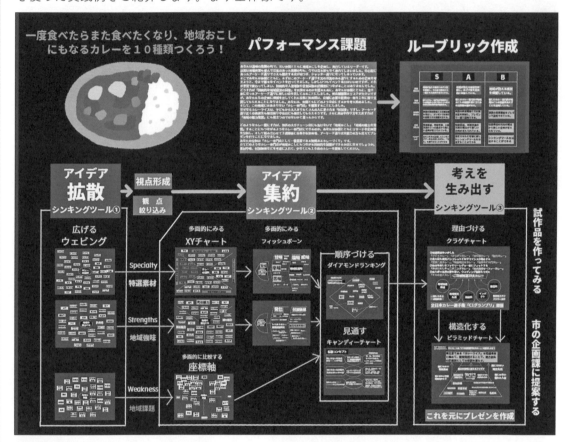

　この授業のパフォーマンス課題および目的は，地域産業が停滞している地方都市（私のふるさとをモデルにしました）を活性化するために，地域の若者たちが「シャッター通り」になってしまっているアーケード街をリニューアルする計画を立て，その起爆剤として「地域おこしカレー」を使った各種イベントを開催していくという内容です。

　上の図で授業過程の概略を説明します。

①まずパフォーマンス課題を設定し，ルーブリックも作成し，最初に提示します。

②学習過程は，「アイデア拡散→視点形成，観点絞り込み→アイデア集約→考えを生み出す」になっています。

③使用するシンキングツールは段階ごとに①，②，③の3種を配置しています。

④最後に「新しい考え」を表現するものとして，「試作品を作ってみる」「市の企画課に提案する」というパフォーマンス作品をゴールに設定しています。

コンセプトは「一度食べたらまた食べたくなり，地域おこしにもなるカレーを10種類つくろう」です。この種類の多さも「前提条件」になり，１つではなく10種つくるためには，それだけの「考えの広がり」を求められ，アイデアを拡散する必要があるようになっています。

　下図がパフォーマンス課題です。このような場合のパフォーマンス課題はGRASPSをできるだけ詳細に設定することで，臨場感（リアルさ）やワクワク感が増します。また生徒の考えを広げる助けにもなります。いつもは難しいですが，時にはこのような大作も必要です。

あなたは過疎の故郷の町で、若い仲間とともに地域おこしを企画し、実行しているリーダーです。
以前は地場産業も盛んで活気のあった故郷の町も、今では見る影もなく寂れてしまいました。中心街にあったアーケード通りでさえも閉店する店が相つぎ、シャッター通りになってしまっています。
そこであなたは仲間とともに、まずはこのアーケード通りを元の活気のある通りにするための企画を考えようと、今まで様々なイベントを行ってきました。しかしいつもイベント当日はいいのですが、それが単発で終わってしまい、持続的な人流増加や景気回復の起爆剤につながることはありませんでした。
どうすれば「持続的な地域経済の回復」を目指せるのかを探るために、あなたは仲間とともに、空き家になったアーケード通りに新しい店を出してみることにしました。新店舗開業はリスクが大きいですが、あなたたちの企画に理解を示してくれた市長と担当課は、店舗に必要な経費の一部を１年に限り支援してもらえることになりました。あなたは、仲間ともにどのような店にするかを考え始めました。
そして、この地域にはあまりない「カレー専門店」を開業することにしました。
なぜならカレーライスは、子どもから大人までたくさんの人に愛される「国民食」ですし、アーケード通り近くの高校生も部活帰りや休日にも来店してもらえそうです。さらに具材や作り方を工夫すれば「地域の魅力発信」にも役立つのではないかと思ったからです。

どのようなカレー屋にすれば、郊外の大手チェーン店にも負けないで「地域おこし」「地域の魅力を発信」することにもつながるようなカレー専門店にできるのか、あなたは仲間とともにリサーチや企画書を分担し、そして組み合わせて３週間後に市長や市担当者、アーケード通り店主組合の方も交えてプレゼンを行うことになりました。
あなたの分担は「カレー専門店として一番重要である特徴あるカレーづくり」です。
さてどのようなカレー専門店が地域おこしにもつながる持続的な展開ができるお店になるでしょうか。
素材や味、付加価値などを考慮に入れて、少なくとも１０品のカレーを提案してください。

　ルーブリックは今回は「課題発見力」「課題分析力」「課題思考力」「企画実行力」「シンキングツールスキル」の５観点を設定し，SAB評価をしていますが，生徒に提示する場合は，もっと簡便な表記に変えるべきです。生徒が理解できなければ何にもならないからです。

	S	A	B
課題発見力	地域が抱える現状とめざす姿を把握し、その差を解決する一助となる企画を考えている。	地域が抱える現状を理解し、めざす姿を具体的に理解している。	地域が抱える現状を理解している。
課題分析力	新しいカレー専門店が地域おこしの役割を十分に果たしていけるだけの具体的な策が複数ある。	新しいカレー専門店が地域おこしの役割を果たすための具体的な策がある。	新しいカレー専門店が地域おこしの役割を果たすことを意識している。
論理的思考力	課題の因果関係とその解決策を明示し、プレゼンでは相手を納得させる論拠を示せる。	課題の因果関係とその解決策を理解し、プレゼンで一通り説明できる。	課題の因果関係をプレゼンで説明できている。
企画実行力	特選素材、地域資源、人材活用の３つの視点から新しい企画が考えられている。	特選素材、地域資源の活用の観点から新しい企画が考えられている。	特選素材の活用の観点から新しい企画が考えられている。
シンキングツールスキル	思考スキルを意識したシンキングツールを活用しながら、「考え」を割り出すことができる	思考スキルと考察に適したシンキングツールを活用することができる	シンキングツールを活用することができる

さて，各段階での詳細な思考過程を説明します。まずアイデア拡散の段階ではウェビングを使用していますが，10種の地域おこしカレーをつくることが目的ですから，それに応じて視点（中央トピック）を３つ設定します。「特選素材」「地域強み（魅力）」「地域課題」です。「地域強み」はストロングポイント，「地域課題」はウィークポイントの洗い出しになっています。

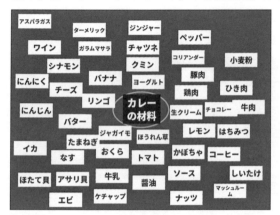

　これらの「アイデア拡散」を次の段階で「アイデア集約」につなげますが，この授業の場合は，集約段階を３つのカテゴリーに分けて，徐々に集約するように工夫しました。また「特選素材」「地域強み」「地域課題」のそれぞれの拡散ウェビングに合わせて使用するシンキングツールも変えています。（全体図参照）

　アイデア集約の段階で使ったシンキングツールは以下のようになります。

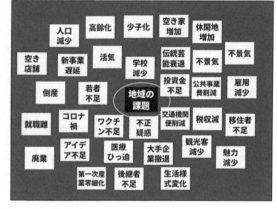

カテゴリー１：①「特選素材」はＸチャートで「カレーの材料」を分類します。

　　　　　　　②「地域強み」はＹチャートで「町の魅力」「里の魅力」「浦の魅力」に分類します。

　　　　　　　③「地域課題」は座標軸で縦軸「深刻度」を横軸で「増加傾向」で順序づけています。

カテゴリー２：①「カレーの材料」はフィッシュボーンで「一度食べたらまた食べたくなり，地域おこしにもなるカレーとは？（素材編）」として，地域特選の味や甘味などで分類しています。

　　　　　　　②「地域強み」は「魅力編」として，①と同じようにフィッシュボーンで，発信，地域名所，付加価値などで分類しています。

カテゴリー３：今での学習成果を統合する形で，ダイアモンドランキングとキャンディーチャートで，「素材のランキング」をしたり，「仮想コンセプト」の考察をしています。

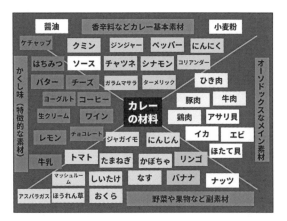

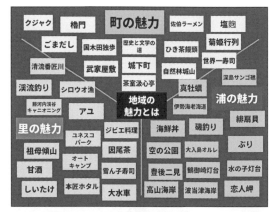

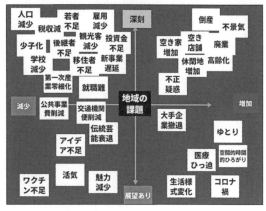

この3つの図がカテゴリー1にあたります。分類する場合も座標軸で順序づけて比較する場合も，その「視点」をどうするのかが最も重要なポイントで，そこを間違えると考察自体が深みのないものになってしまいます。

常に何のためのシンキングツール使用なのかを意識することが大切で，この授業の場合は「地域おこしにつながるカレー」というのがコンセプトです。

以下の2つの図がカテゴリー2です。「特選素材」と「地域強み（魅力）」を表しています。

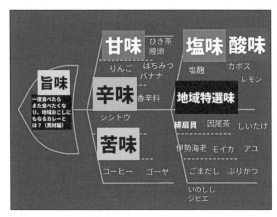

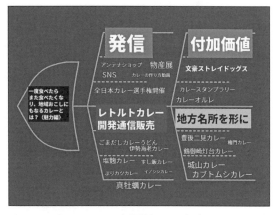

全体図にあるように，「地域課題」については，カテゴリー1の座標軸での考察が，そのままカテゴリー3につながるようになっています。

カテゴリー3は，アイデア集約の最終段階です。総括の意味からもランキングチャートを使用して順序づけたり，アイデアの集約によって予想される結果と具体策を「仮想コンセプト」で可視化しています。その際に使いやすいのが，キャンディーチャート「見通す」です。

　一般的にはキャンディーチャートは左に「もし〜なら」，真ん中に「〜になるだろう」，そして右が「なぜなら〜だからだ」という「仮定・条件」→「結果」→「理由・根拠」の順になります。ここでは一番右だけ「そのような結果のために必要な具体策」をあげる形にしています。

　右の図のランキングチャートはロイロカードを色分けして，「里の素材」「町の素材」「浦の素材」というように「地域強み」と「地域素材」での考察を活かす形でまとめられています。

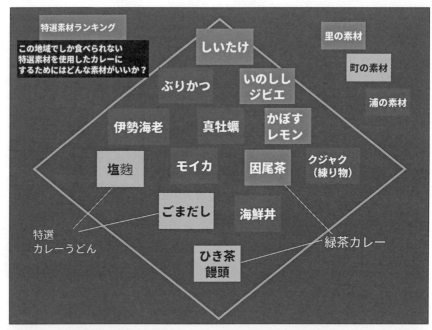

　右の図のキャンディーチャートは，結果が「地域課題」の解決にどのように効果的かを示しています。つまりカテゴリー1での座標軸での考察が活かされていることになります。

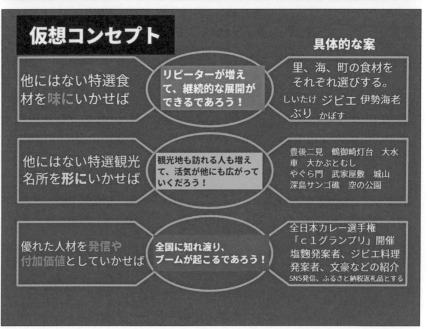

さて，最後の「考えを生み出す」段階です。シンキングツールは「計算用紙」なので，その完璧な作成が目的ではありません。そこから「新しい考え」を生み出すことが目的です。この「考えを生み出す」段階で使用されているシンキングツールは，そのような「新しい考え」＝「持続的な地域おこしにつながる10種類のカレーの提案」をプレゼンするために，いかにプレゼン＝主張を「構造化する」のか「理由づけ」するのかを可視化するために使用されています。

　右上段のクラゲチャートで具体的な10種類のカレーがこれまでのどんな考察の結果，生み出されてきたものなのか，さらに具体的なネーミングも示されています。

　また下段のピラミッドチャートは左半分に「人口減少」などのウィークポイント，右半分に「観光名所」などのストロングポイントを配置して，そこから「弱みを強みに変えるアイデア」へ，最後に「主張」を示す最上段に至っています。これは「下から上へ」の手順で，「焦点化する」ことを助けています。

　そしてそれらを活かして市の企画課に提案し，実際にカレーを試作するというわけです。

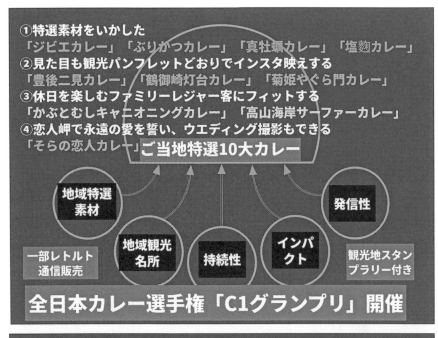

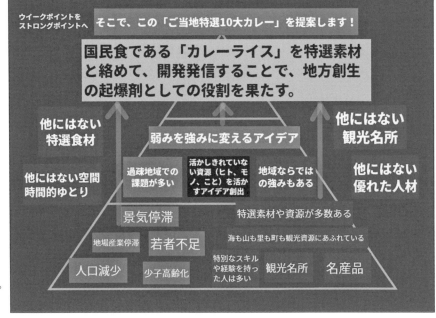

2 シンキングツールをフル活用した授業デザイン②

① 単元を貫く課題を意識したシンキングツールの活用ポイント

　この授業デザイン②では，単元を貫く課題として設定されたパフォーマンス課題と，その場合のシンキングツールの活用について紹介します。

　単元を貫くパフォーマンス課題を設定する場合，単元課題として第１時に提示し，それを単元最後の時間に追求するために，第２時以降の授業が計画されているという形が一般的です。このような単元計画では，第２時以降の授業で得られた知識および概念が，すべて既習事項として，最後のパフォーマンス課題を解決するのに役立てられる，いわゆる「入れ子構造」的な学習計画となります。

　入れ子構造の利点は，第２時〜最後前の時間がインプット，最後の時間がアウトプットという構造にあり，それによってインプットの時間を確保できるということです。シンキングツールを使用してパフォーマンス課題を考える時，どうしてもインプットの量や質的な問題が出てきます。つまりインプットされた「知識，概念」が少なければ，ウェビングであってもクラゲチャートであっても記述する（考えやアイデア）が思い浮かばず，苦労することが多々あるということです。その点，１時間ごとに学習課題を設定し，その課題のまとめがそのままインプットとして使えるのは，パフォーマンス課題を最後の時間に，その単元のまとめ学習として設定した時に威力を発揮します。最後の時間に生徒がスラスラとツールに記入していく様子は「書きたいこと」「いいたいこと」「表したいアイデア」があるからこそです。

　もう１つ単元を貫くパフォーマンス課題を設定する利点は，第１時により提示されることで，単元学習を進めている間に常に生徒が，最後に追求する課題を意識できるという点です。最終的なゴール（山登りでいうなら頂上）が見えている状況なら，そこに至るまでの過程での学習にも意欲的に取り組むことができます。授業者が「最後の課題をどう解決するのかをいつも意識して，気づいたことがあったらメモを取っておいてください」と１時間ごとの授業においても常に注意喚起しておけば，効果的なインプットの蓄積がなされます。

　また，この１時間ごとの学習課題と学習成果を考える時にも，シンキングツールを使用することで，その時間の考えをまとめることを助け，可視化し，共有することができますし，最後の時間に使用するシンキングツールに対しても，操作も理解も深まるという利点も生まれます。

例えば6時間扱いの単元計画モデルを示したのが下の図となります。

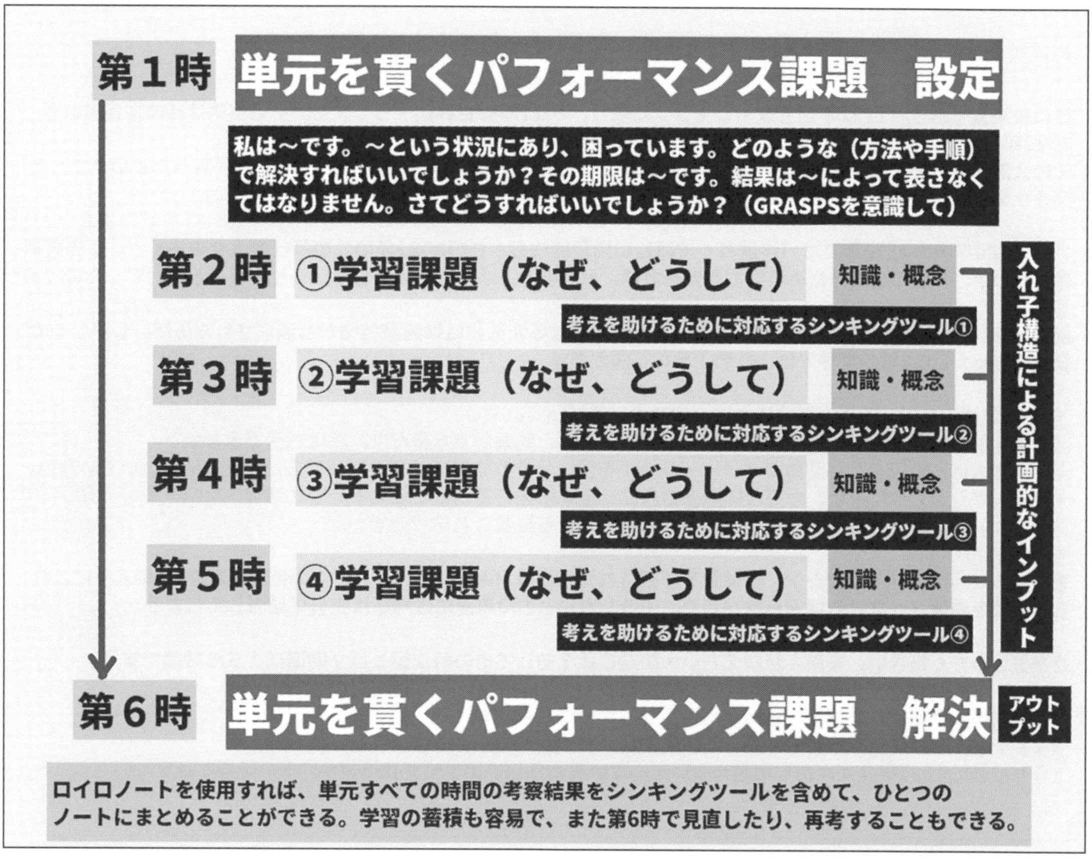

第1時	**単元を貫くパフォーマンス課題　設定**

私は〜です。〜という状況にあり、困っています。どのような（方法や手順）で解決すればいいでしょうか？その期限は〜です。結果は〜によって表さなくてはなりません。さてどうすればいいでしょうか？（GRASPSを意識して）

第2時 ①学習課題（なぜ、どうして）　知識・概念

考えを助けるために対応するシンキングツール①

第3時 ②学習課題（なぜ、どうして）　知識・概念

考えを助けるために対応するシンキングツール②

第4時 ③学習課題（なぜ、どうして）　知識・概念

考えを助けるために対応するシンキングツール③

第5時 ④学習課題（なぜ、どうして）　知識・概念

考えを助けるために対応するシンキングツール④

入れ子構造による計画的なインプット

第6時 **単元を貫くパフォーマンス課題　解決** アウトプット

ロイロノートを使用すれば、単元すべての時間の考察結果をシンキングツールを含めて、ひとつのノートにまとめることができる。学習の蓄積も容易で、また第6時で見直したり、再考することもできる。

　本書でも第2章で紹介した歴史的分野「江戸のスゴイ政治家番付」や地理的分野「アジア新工場建設に向け，提案書をつくろう」は，単元を貫くパフォーマンス課題を設定し，シンキングツールを使用した例となっています。

　一方で，単元最初に提示せず，または単発で行うパフォーマンス課題の授業もあります。この利点は，いつでも取り組むことができる点です。単元計画に縛られないので，1時間扱いの授業や教科（道徳など）では，大変有効です。また社会科では，今現在問題となっている社会問題に緊急に取り組む場合などは，通常の授業計画に割り込む形で設定される場合もあり，その場合にも，この方法が取られることがあります。その場合はインプットの時間を確保できないので，それに値する十分な資料を準備する必要があります。

　しかし，この「単元計画に位置づける」か「単発で実施するか」というのは，相反することではなく，パフォーマンス課題をどの時間にどのような計画で設定すれば最も有効かを授業者が適切に判断し決定すればよいので，一概にこうでなければならないというものではありません。

例えばこのようなパフォーマンス課題をつくったとします。

2122年からきた未来人の訴え

私は未来人である。2122年からタイムマシンに乗り、2022年の世界にやってきた。その目的は私の生きている2122年の地球を壊滅させようとしている大問題の解決のためだ。そして
その大問題の発端を様々な角度から分析した結果、なんとこの2022年の世界に、その発端があったということを突き止めたからである。

さらに100年後の2122年では「手遅れ」で難しい問題解決も、この2022年のこの時代の人々の多くが、この大問題に気づき、そして解決のための努力を始めれば、100年後には問題が解決しているということがわかったのである。
鍵は2022年の全世界の人々が握っている。それを知らせるために私は国際機関から派遣されたのだ。しかしその発端となった2022年の世界では、このような課題がある。

①2022年の人々は、その大問題の本当の深刻さに気付いていない。
②その大問題の解決策が、実はすでに講じられているが、効果がまだまだで、実は期待できない。
③一部の人は、素晴らしい発想でイノベーションを起こせそうな気配はあるが、いまだにそれに気づいていない。
④タイムマシン協定により、未来人は過去の人に「未来に起こることを教える」ことはできない。でも「気づいてもらう」ことはできる。だから問題の詳細を未来人から話すことはできない。

未来への「帰りのタイムマシン」が発動する残された時間は168時間である。この時間内に2022年の人々にこれらの事実を認識させなければならないのだ。そうしないと100年後には地球は完全に壊滅してしまう。

さあ気づいてください。未来人が訴えたい大問題とは？そしてその解決策とは？時間は１６８時間です。

（１）未来人が訴えたい将来、地球を壊滅させる大問題とは何か？
（２）そしてその問題の本当の深刻さとは何か。
（３）最後に2022年の人々がまだ考えついていない素晴らしいアイデアとは何か。その効果とは？

　この解決の時間が168時間となっているのは，24時間×7日＝168時間ですので，追及に６日間，プレゼンに最後の１日を想定しています。このパフォーマンス課題を探究学習で設定した場合には次のような展開が考えられます。

　①単元を貫くパフォーマンス課題として第１時で，課題を提示し，その後公民的分野「現代社会の課題」「国際協調」「環境問題」「紛争」などを６時間学習し，最後の１時間で，パフォーマンス課題に取り組む。

　②同じように第１時で提示した後，SDGs の17ゴールについて学習を６時間行う。ゴール17を「経済開発」「環境保護」「社会包摂」の３分類して，それぞれを２時間扱いで現状と課題をインプットする。７時に「ウエディングケーキモデル」を参考にしながら，パフォーマンス課題について考えをまとめる。

　③１年間または半期における学年の探究課題として位置づけ，最終フェーズにおけるパフォーマンス課題に取り組む時間を７時間制限とする。

　④単発の課題とし，オンライン授業などでデータ集めを行わせ，１週間後にプレゼンを行い，コンペ方式の全体シェアの時間を設定する。

このように同じパフォーマンス課題でも，その設定と提示の時期，全体の計画と扱える時間，追及してほしいねらいとする題材などに応じて，実際の授業は違ってくるということがわかります。ここでは「単元を貫くパフォーマンス課題」を設定し，それぞれの時間でシンキングツールを想定した学習課題を設定している公民的分野実践例「L＆D社の企業指針作成」と，単発で行いながらも，直前の単元学習と関連づけて実施した歴史的分野実践例「新元号を考えよう」を紹介します。

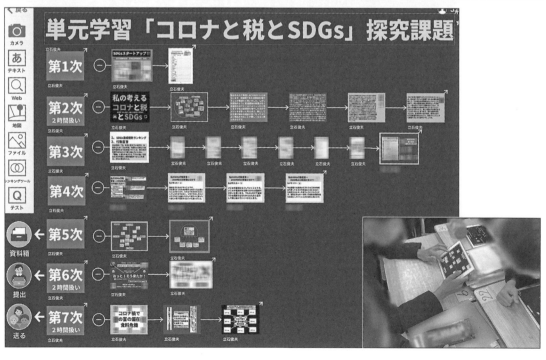

② 実践例：公民的分野「L＆D社の企業指針作成」

　この授業は，起業した「あなた」が，会社名「L＆D（自由と多様性）社」にふさわしい企業指針を作成するために3つの前提条件から考察するというパフォーマンス課題です。実施する単元は「私たちと政治」日本国憲法と基本的人権の尊重になっています。

　会社経営ですから経済単元と考えがちですが，これを人権尊重の分野で行うことに意味があります。基本的人権を学習した後，生徒たちが実際に「人権問題」に直面したり，現代社会の中で課題となる場面というのは，就職や結婚など社会生活の中に存在します。ですからそのような場面の中で「活かされる人権意識」を育て，「我が国の政治」も「社会」も日本国憲法に基づいて行われているという意識を多面的，多角的に表現する学習のまとめとして，この「企業指針を考える」を設定しました。企業指針を考えることは，それまでに学習した人権についての知識と理解が必要で，それにもとづいてどのように判断し，さらにそれを指針というものに反映させ，最終的にどのような文で表現するのかを追求していく過程になります。

　下の図はピラミッドチャートを使って，学習指導要領「私たちと政治」を構造的に示したものです。このようにシンキングツールは概念を可視化することにも適しています。この授業の位置づけは，基本的人権がどのように社会に活かされるべきかを追究し，解決することを目的

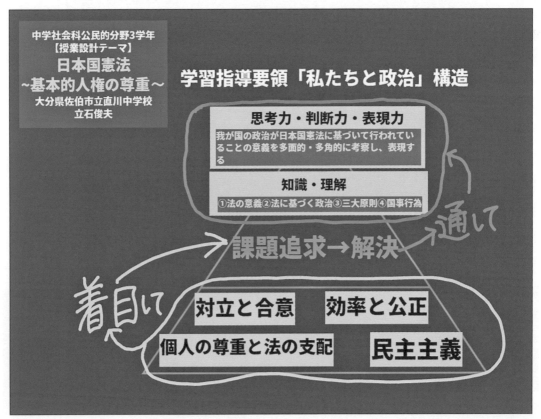

としており，それを通して最上段の「知識・理解」および「思考力・判断力・表現力」の育成にどのように寄与していくのかがわかります。

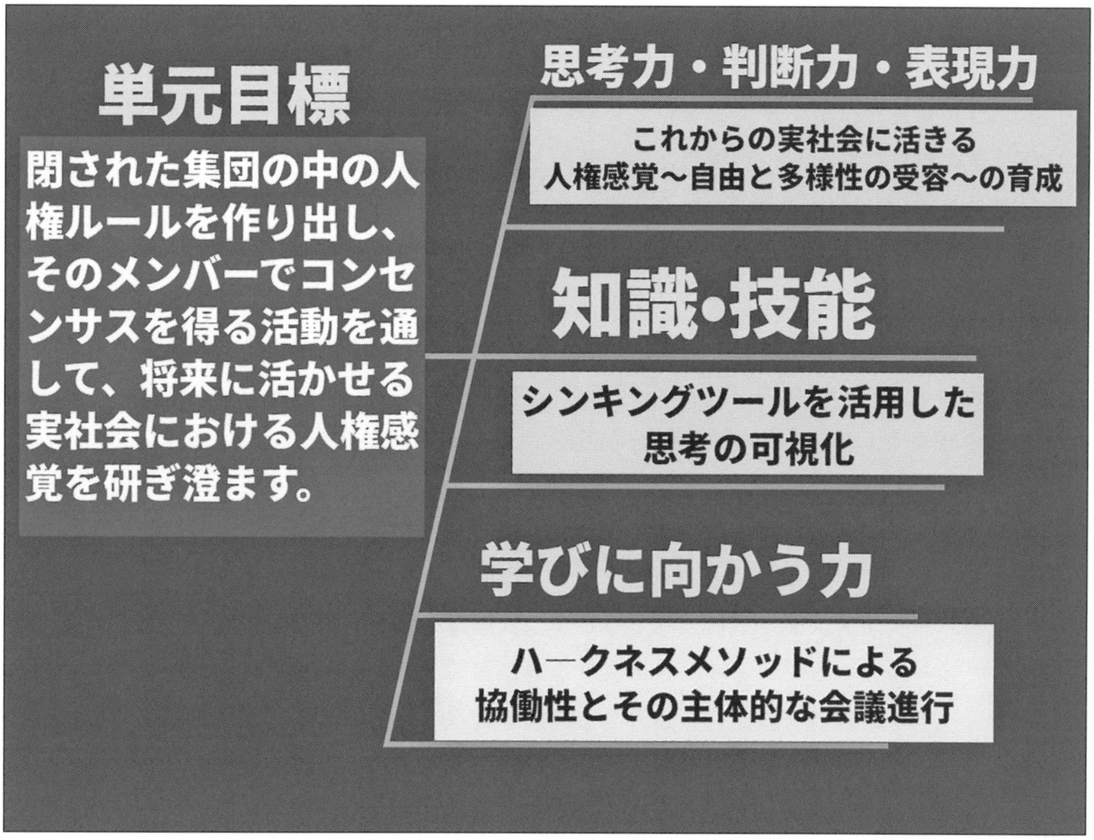

単元目標	思考力・判断力・表現力
閉された集団の中の人権ルールを作り出し、そのメンバーでコンセンサスを得る活動を通して、将来に活かせる実社会における人権感覚を研ぎ澄ます。	これからの実社会に活きる人権感覚〜自由と多様性の受容〜の育成
	知識・技能
	シンキングツールを活用した思考の可視化
	学びに向かう力
	ハークネスメソッドによる協働性とその主体的な会議進行

　さらに授業の位置づけと資質・能力の3つの柱に対する工夫を表したのが上の図です。この図の中で使われている「ハークネスメソッド」とは，いわゆる自由討論で，司会者などの役割分担などもしないで，参加者だけで時間内で結論を出さなければならないという形で行っていました。私が生徒に指導していたハークネスメソッドの注意点は以下のようなものです。

①事前に話し合うテーマを決めます。

②テーマについて予習（調べ学習）を行います。

③参加者は全員が自分の意見（＋根拠）を持って討論に参加します。

④話し合いのルールは以下のようになっています。

　・円卓のように向かい合って座ります。

　・会の最初だけ先生のプレゼン（問題提起）で始まりますが，その後は先生には発言権はありません。

　・会の話し合いは自由討論ですから，司会はいません。誰から発言してもよいです。

　・会の中で進行役や板書役などが出るのはOKですが，固定はしません。

・必ず制限時間内に全員が発言し，さらに合意して結論を出します。

・合意方法（多数決の仕方，アンケート形式）なども自分たちで決定します。

・会の終わりは拍手で，素晴らしい討論ができたことを互いに尊重します。

⑤発言にはいろいろな種類があります。それを意識します。

　(1)自分の意見を根拠や友達の意見との違いを明確にして発言し，話し合いを活性化させる。

　(2)友達の意見について，質問したり，賛同（補強）したり，反論する。

　(3)意見を整理し（関連づけ）たり，話し合いのやり方や方向性を提案する。

⑥友達の発言に，まずは質問できるようになりましょう。そのためには５Ｗ１Ｈでメモを取っておくことが大切です。また「ここまではわかるけど〜をもう少し詳しく」で新しい情報を引き出そう。「私は〜だと思うけど，〜さんはどうですか」で自分の意見を入れて質問しましょう。

⑦討論の視点として，「その話し合いの方向性であっているのか」「他に見方はないのか」「その主張の根拠は正当なものなのか」「疑問点はないか」「イノベーションを起こせる新結合やゲームチェンジャーとなりうる新しいアイデアはないか」「賛成も反対もここまでなら合意できるというコンセンサスポイントはないか」などを常に考えましょう。

　この私のハークネスメソッドは，パフォーマンス課題を主張し合う全体討論で使われることを想定したルールになっています。このような自由討論とルールを保証することがなければ，実はパフォーマンス課題を設定し，追及する時間を確保したとしても，最後の詰めができない学習過程になってしまいます。逆にこの話し合いの方法をどの教科でもよいので，生徒がスキルとして身に付けさせることができれば，いつでも非常に効果的な話し合いができます。役割分担や話型なども初心者には必要ですが，いつまでもそれに頼って型通りで，さらに予定調和的な討論では，現実社会では役に立ちません。単元を貫くパフォーマンス課題を設定した場合も，最後の追求場面での自由討論の設定によって，そのパフォーマンスが大きく変わってくることを理解しなければならないのです。

　私はこのハークネスメソッド（もとはアメリカの学校で行われているそうです）を４月段階で教えて，数時間，数課題のトレーニングの後，いつでも使えるようにしておきました。そうしておけば，生徒に「ハークネスやるからね」といえば，それで相互理解できるので，いつでもどんな場面でも使うことができるスキル＝技能を獲得させることができました。生徒をパフォーマンス課題を追求するのが好きで，さらにそれを自由討論で話し合うのも好き，という「追及討論マニア」に育てることができます。また多数決の方法についても，ボルダルールやコンドルセルールなども学年当初に指導する事項にしていました。「討議方法の多様性」は非常に重要な指導項目です。

　さてこの「Ｌ＆Ｄ社の企業指針作成」の授業のパフォーマンス課題と単元計画は次ページ下の図のようになります。

【単元課題】

20XX年、30歳になったあなたは心機一転、勤めていた会社を辞めて、起業することにした。あなたが起業する会社とは、これまでのサラリーマン生活で培ったノウハウを活かした、全世界に通用する画期的な教育ソフトウェアを開発するベンチャー企業である。そしてその会社名は「L＆D社」にした。この社名にはあなたの会社に対する強い願いが込められている。「L」はLiberty（自由）であり、「D」はDiversity（多様性）を表している。将来、世界で活躍する会社をイメージした素晴らしい社名だと自負している。

さて設立資金の目処がついたあなたは次に、この「L＆D社」に入社してくれる人材を確保しなければならない。

そのために早速あなたは、具体的な会社の指針づくりを始めた。策定された指針に従って会社を経営し、人材を募集していくためである。指針についてあなたは次の3つの条件を満たしたものにしたいと考えた。

（1）会社の指針を会社名から考えて、5項目以内として起案する。
（2）日本国憲法に規定されている基本的人権以外にも、諸外国にみられる社会問題にも配慮する。
（3）指針は、この会社のコンセプトを表し、採用基準や勤務環境、経営方法などについて、望ましい企業文化を育むものであることとする。

さあ あなたは、どのような指針を策定しますか？

入れ子構造による単元構成

【単元目標】 基本的人権や現代社会の課題を土台に、あなたが起業する新会社「L＆D社」の企業指針を策定することを通して、目指す企業文化の在り方について説明しよう！

第1時「人権思想の歴史と日本国憲法における基本的人権」

【学習課題】 基本的人権にはどんな権利がある？

時系列で把握する　分類する

第2時「自由に生きるための権利〜自由権〜」

【学習課題】 ランキング！なくては困る「〇〇な自由」？

順序づける

第3時「差別のない共生社会をつくるための権利〜平等権〜」

【学習課題】 これって、あってよい違い？わるい違い？

比較する

第4時「人間らしく生きるための権利〜社会権〜」

【学習課題】 もし、あなたが働くならどんな企業？

順序づける　仮定する

第5時「人権を確保するための権利〜参政権と請求権〜」

【学習課題】 日本在住の外国人にも参政権を認めるべき？

第6時「社会の変化と共に生まれた新しい人権〜環境権とプライバシーの権利〜」

【学習課題】 学校にも職場にも防犯カメラは必要？

構造化する　多角的多面的にみる

第7時「これからの社会で求められる人権感覚〜自由と多様性の受容〜」

【学習課題】 今までの学習してきたことを活かせば、「L＆D社」の企業指針はどうあるべきか？

単元計画からわかるように，「基本的人権の尊重」「自由権」「平等権」「社会権」「参政権と請求権」「環境権とプライバシーの権利」の6時間の学習過程を経て，7時間目に「これからの社会で求められる人権感覚～自由と多様性の受容～」として，企業指針の策定に向かいます。ハークネスメソッドの実施は7時または8時間目となります。

　またそれぞれの学習過程の中で，使用が想定されるシンキングツールをロイロノート版シンキングツールで示しています。

　そして右の図のようなそれぞれの学習過程の中で，必要な知識や概念をインプットできたら，第7時のパフォーマンス課題を追求する準備ができたことになります。

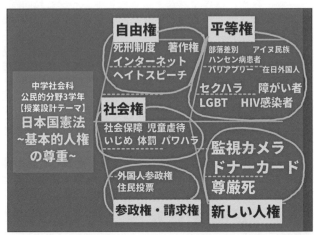

　下の図は第7時の学習内容がこれまでの学習過程の延長線上にあることを可視化するためのベン図です。

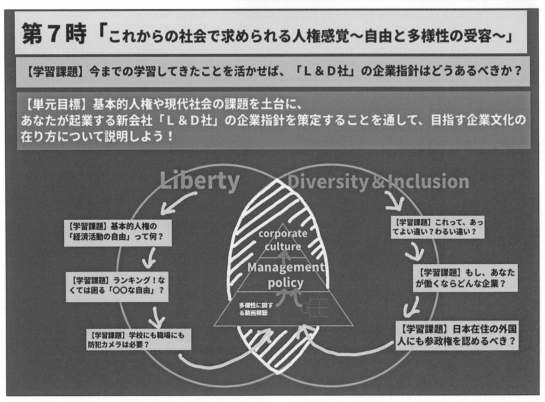

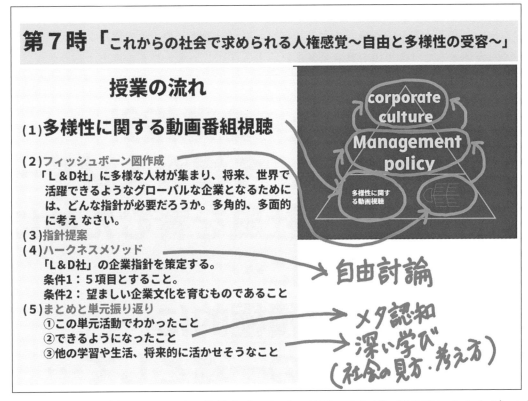

上の図が第7時（実際には7時を指針作成のための時間とすれば，第8時になります）の授業の流れです。下の図は学習活動(2)のフィッシュボーンで既習事項を視点整理しています。

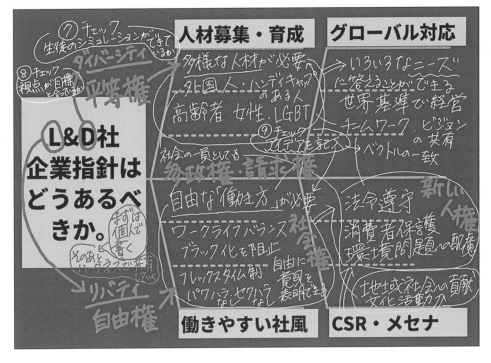

そして最後は，下の図のように①〜⑤の5項目を視点設定し，企業指針を策定できるかが授業のねらいとなります。個人の考えをフィッシュボーンでまとめ，その後行うハークネスメソッドで，全体として「1つの合意＝企業指針＝主張＝新しい考え」を生み出すわけです。

「L&D社」企業指針
①我が社では、多様な人材を…
②自由闊達な社風を育むために
③グローバルに…
④CSR活動を積極的に…
⑤メセナ事業の一環として…

　最後に「まとめ」と「振り返り」をロイロノートのカードで提出します。

　私はいつも3つの内容を書かせるようにしていました。

　このように基本的人権の尊重を題材にしながら，現実社会での活用を考えさせるパフォーマンス課題は単元課題として有効でした。

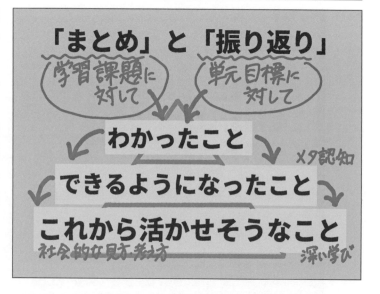

「まとめ」と「振り返り」

学習課題に対して　　単元目標に対して

わかったこと　　　　メタ認知

できるようになったこと

これから活かせそうなこと

社会的な見方考え方　　深い学び

③ 実践例：歴史的分野「新元号を考えよう」

　2019年4月1日，日本政府は平成にかわる新元号として「令和」を発表しました。この改元は天皇の退位によるもので，憲政史上初めてのものでした。改元自体も数十年に一度しかないものですが，今回はさらに4月1日発表，5月1日午前0時より切り替わるというスケジュールが明確なものでした。2018年5月にはそのスケジュールが発表されていましたので，この「新元号制定」を題材にパフォーマンス課題を設定したのが，この授業です。

　パフォーマンス課題は下の図のようになります。「あなた」は新元号選定のメンバーです。

あなたは日本史学を専攻し、長年、各時代の特色や時代の流れを研究してきた歴史学者である。

そんなあなたは2018年6月、内閣総理大臣主催の「元号に関する懇談会」のメンバーに選ばれた。

**　今の天皇は、2019年4月30日をもって生前退位することが決定し、5月1日からは「平成」ではなく「新元号」が使われることになっている。懇談会は、その「新元号」を考える会議のことである。**

**　さあ、あなたはどんな「新元号」を提案しますか?懇談会のメンバーと協働して、理想的な「新元号」を選定しよう!**

　この授業は「数十年に一度しかできない現実社会の課題」となり，また生徒自身の関心も高いものでした。中学3年の1学期にはちょうど，歴史的分野が終わり，公民的分野へ切り替わる時期でしたので，歴史的分野のまとめ学習として単元を貫くパフォーマンス課題を，急遽設定しました。それではこの授業の流れに沿ってポイントを説明します。

3学年歴史的分野 「これからの日本と世界」 〜新元号選定から日本の未来像を考える〜

単元目標	歴史学習のまとめとして、近代から平成時代までの特色や課題を友と比較検討することを通して、理想とする「日本の未来像」を考えよう!
新元号としてふさわしいのは?	あなたは日本史学を専攻し、長年、各時代の特色や時代の流れを研究してきた歴史学者である。 そんなあなたは2018年6月、内閣総理大臣主催の「元号に関する懇談会」のメンバーに選ばれた。 今の天皇は、2019年4月30日をもって生前退位することが決定し、5月1日からは「平成」ではなく「新元号」が使われることになっている。懇談会は、その「新元号」を考える会議のことである。 さあ、あなたはどんな「新元号」を提案しますか?懇談会のメンバーと協働して、理想的な「新元号」を選定しよう!

	学習課題	なおかわ学習
1	明治、大正、昭和、平成の各時代の特色と課題とは何だろうか?	「○○とは○○な時代であった。それは○○だからである。」 ★その時代に生きた人々にとって、どんな時代だったのだろうか? ★その時代の人々の願いは何だったのだろうか? ★次の時代に託された課題とは何だったのだろうか?
2	そもそも元号は必要なのだろうか?	元号とは何か?私たちの生まれた「平成」はどうやって決められたのだろうか?その2字に込められた願いとは何だろうか?
3	新元号はどんな字がふさわしいだろうか?	条件にあった新元号をそれぞれ考えよう! ★漢字には意味がある。どんな願いを込めればいいのだろうか?
4	「元号に関する懇談会」において新元号決定!	歴史学習のまとめとして、私たちはなぜ「歴史を学んできたのだろうか?」その答えを導き出してみよう!

-1-

　この単元計画は模造紙に書いて，社会科教室の黒板横に常時掲示しておきました。単に新元号を自分の好きな漢字で考えるのではなく，「明治」「大正」「昭和」「平成」の各時代の特色と課題を追究する学習を通して，歴史的分野のまとめに位置づけた後，そもそも元号とは何か，なぜ必要なのかを討論し，その後自分達で「新元号の選定条件」に沿ってパフォーマンス課題を，ハークネスメソッド（あたかも元号に関する懇談会に参加しているかのように）で合意形

成していくという単元学習の流れになっています。パフォーマンス課題を単元課題とする場合には、インプットの時間や質と量を確保できるだけでなく、このようにそれまでの過程を通じて、意欲や関心を高めていくことが可能になります。「話し合う材料」があって「話し合いたい意欲」があれば、自由討論おいて授業者の指示がない状態でも、議論は活発に進んでいきます。ワクワク感満載のパフォーマンス課題を「単元を貫く課題」として活かすためには、学習過程の工夫こそが重要だということです。

右の図は新元号の条件で、これをもとに生徒は1人4字を選びます。この時の3年生が12名だったので、全部で48字が個人により選定されることになりました。

また元号の歴史は2時で学んでいます。

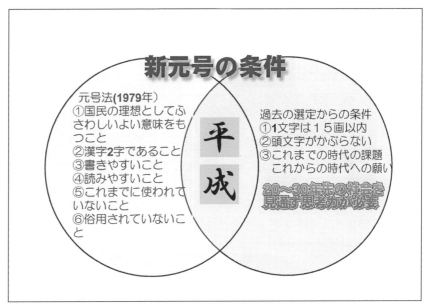

右の図の①が3時、②から⑥が4時となります。

①で選んだ48字を②の1回目のハークネスメソッドで30字に絞り、③のグループ活動で、その30字を使った元号を3つずつ提案します。そして④の2回目のハークネスメソッドで3候補に絞り、投票するわけです。

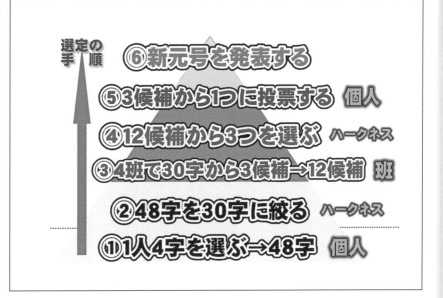

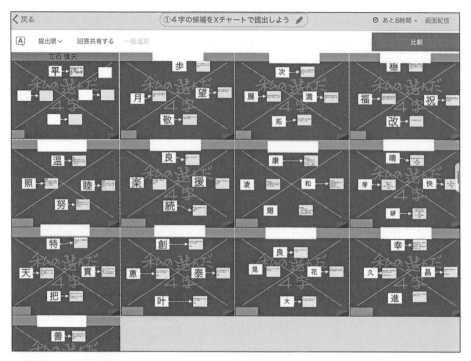

①上の図は個人で選んだ4字をXチャートに配置して，ロイロノートで提出しています。

4字を選定する様子。なぜその字なのか，その字の意味は何かを漢和辞典と国語辞典で調べながら，ロイロノートのカードで選んだ字に理由を紐づけて提出しています。

それぞれの選んだ４字の選定理由を説明し，カードをホワイトボードに貼りつけます。

②第１回目のハークネスメソッドの様子。司会者はいませんが，いつしか自然とホワイトボード横に生徒が立ってカードを操作しています。半分から右が採用されていく字です。

③4つのグループに分かれて,
選定された30字を使って,
新元号を3つつくります。
全部で12の新元号候補がで
きることになります。

これが12候補です。これをグ
ループごとに選定理由を説明し
ていきます。

ロイロノートにはそれぞれの
グループのリーダーが作成した
Yチャートで,3候補の詳細な
選定理由が書かれたカードが提
出されています。

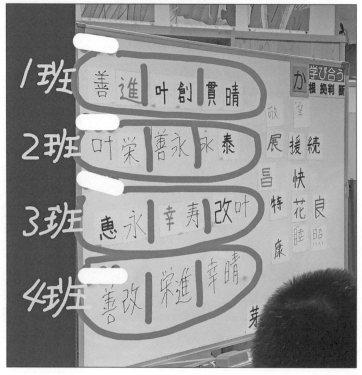

④第２回目のハークネスメソッドです。私は時間だけを計っています。ホワイトボード横には第１回目とは違った進行役の生徒が出て、話し合いを進めています。

ハークネスメソッドの結果、この３候補が残りまし

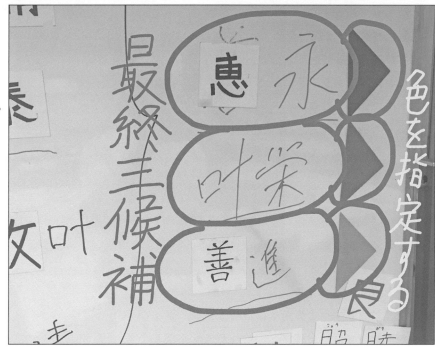

た。これについての最後のプレゼンを１班、２班、３班の代表が行い、その後ロイロノートで投票します。投票の時は自分のグループの候補であるかどうかには拘らないで、自由に投票ができることとします。

ロイロノートで投票する時には、色カードで行うと即座に投票できて大変便利です。ここでは赤と青と緑のカードをそれぞれの候補に指定して投票させました。

⑤投票結果です。この結果は生徒には共有しないで，私が発表します。

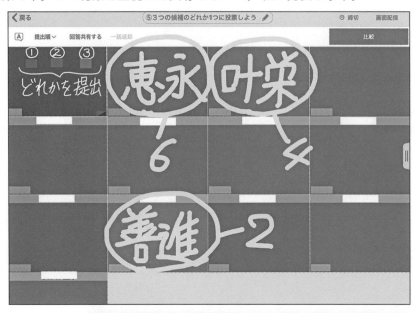

⑥新元号を発表する
官房長官の役割を
私が担当します。
ハークネスメソッ
ド用に配置したロ
の字のテーブルか
ら前列に移動して
います。右下の額
は，決定後あわて
てマジックで書い
て準備しました。

　この恵永という年号を選定した理由は，「この時
代に生きているすべての人々に自由と平等，平和な
社会がもたらす恵沢を確保し，それが末永く続くよ
うにという意味を持ちます」というものでした。

下の図は授業の最後，新元号発表後に私が，官房長官の役割のまま談話として生徒に読み上げたものです。つまりこれがこの単元のまとめということになります。

新元号発表に関する内閣官房長談話

私たちは自分が生きていく「時代」を選ぶことは出来ません。

これまで歴史を学習してきて、どの時代も必死に人々は生き、その時代の中で、自分の夢や希望を追い続けてきたことがわかりました。

そして、私たち自身も実は５０年後、１００年後の人たちから見れば、そのような過去に生きてきた歴史上の人物と変わらないことになるのです。

過去の人たちの中には、戦争の最中に青春時代を送らなければならない人もいました。厳しい身分制度の中で耐えて生き抜いてきた人々もいました。またその一方、世の中を新しい発想で変えて「創造力」と「勇気」で、暗い世の中に光を灯した人もいました。そうです。

私たちは生きていく時代を選ぶことはできなくても、生き抜いていく時代を創りだすことはできます。いつのときも夢や願いをもって、過去の歴史から学んだ教訓をいかしながら、友達や地域や国際社会と協働しながら、未来を創っていきましょう。今から始まる新しい時代がすべての人にとって、素晴らしい時代になりますように。

これで新元号の発表を終わります。ありがとうございました。

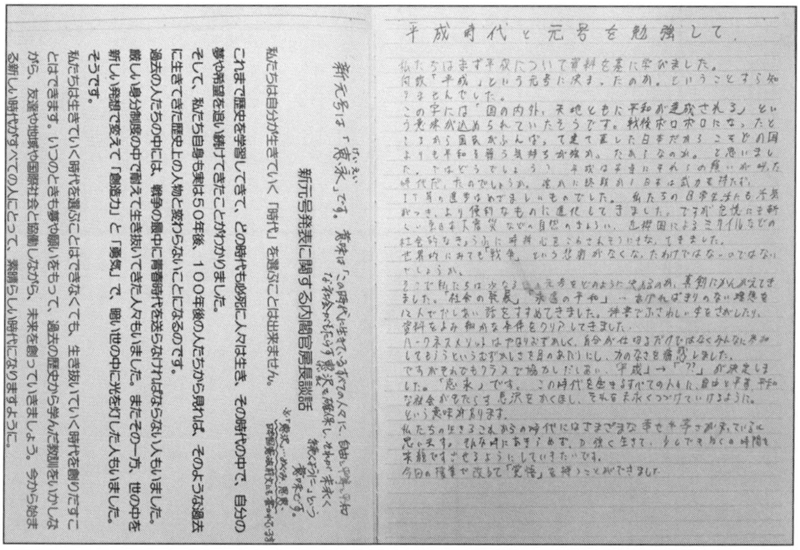

板書計画

6月21日(木) 3限	3年	社会(歴史的分野)		教諭　立石　俊夫

生徒数12名

主眼

単元　第3章　これからの日本と世界
本時「新元号選定から　日本の未来像を考える」

時間　4/4

評価規準

〈「新元号」から考える日本の未来〉
「なぜ歴史を学ぶのか」シリーズ第4弾

2019年5月1日より採用される「新元号」について、友と協働しながら選定したり、それを比較検討する自由討論会を通して、3年間、歴史学習で学んできた「これまで」の時代の課題と「これから」の時代への願い」を適切に表現できるようにする。

明治時代からの平成時代までの特色や課題など、それを多角的、多面的に考察し、それを踏まえ、「新元号」を友と協働しながら考えることができ、自分の選定理由を明らかにしながら「新時代への願い」を適切に表現できる。
【社会的な思考・判断・表現】

お　学び合う　比較思考

か　学び合う　根拠判断
「元号に関する懇談会」
新元号について最終選考を行い、投票により決定します。

わ　まとめる　振り返る　表現　要約

永続的理解
憲政史上初めてとなる天皇の生前退位が決定し、同時に2019年5月1日に向けて時計の針が動き出した。ちょうど時代を担う人やマスコミが次々に予想を出している。その新元号には元号が持つ意味が国民目線の文化的な面だけでなく、今の時代に生きている人たちの未来への願い」が込められるはずである。これまで歴史を過去の物として学んできた生徒たちに歴史学習のまとめとして「過去を踏まえて、未来を考える」ことこそが歴史を学ぶ最大の理由」であるということを実感させたい。

新元号として最もふさわしいのは？

日本の元号に使われた漢字と回数

永29	天27	応20	正19	文19	長17	安16	延16	真4
暦16	寛15	慶15	嘉14	弘13	平12	嘉12	宝10	
久9	保15	治13	貞8	明8	中8	政8	亀10	
万3						神	護10	雲5
								昭1

回数：10回以上／9〜2回／1回

所収辞書「日本元号辞典」(平成26年・雄山閣)より採用

「元号法」より

[新元号]条件
1　国民の理想としてふさわしい意味
2　漢字2字
3　書きやすい
4　読みやすい
5　これまでに元号として採用されていない

な　考察する　分類　推論
思考スキル　比較する
思考ツール　ピラミッド

全体会で整理しよう
①新元号に相応しい字ってどんな字？

グループで作成しよう
①新元号には今、どんな願いが込められるべきだろうか。
②条件にあった熟語を考え、提案しよう。

全体会で選定しよう
①友達の意見に共感できる新元号は？
「新元号」を投票して決定しよう

懇談会をふり返ろう

単元目標　歴史学習のまとめとして、近代から平成時代までの特色や課題を、友と比較検討しながら、理想とする「日本の未来像」を考えよう。

S　友と協働しながら複数の視点や根拠から自他の意見を修正できる。

A　視点や根拠を明確にして発言できる。

学習課題
「あなたは日本史学を専攻し、長年、各時代の特色や時代の流れを研究してきた歴史学者である。そんなあなたは2018年6月、内閣総理大臣主催の「元号に関する懇談会」のメンバーに選ばれた。今の天皇は、2019年4月30日をもって生前退位することが決定し、5月1日から「平成」ではなく「新元号」が使われることになっている。その「新元号」を考える会議のことである。さあ、あなただったらどんな「新元号」を提案しますか？そして懇談会のメンバーと協働して、理想的な「新元号」を選定しよう！」

授業改善テーマ「生徒指導の3機能の活動を取り入れた授業づくり(授業のnaostyle)」と関連する項目
①パフォーマンス課題・永続的理解
②生徒指導の3機能を意識した「なおがわ学習」=授業のnaostyle
③ハークネスメソッドとコーネルメソッドノート　全体(10分)→グループ(15)→全体(15)→投票とまとめ(10分)
④ICT活用→ロイロノートによる双方向授業　⑤思考スキル「比較する」→思考ツール「ランキング」など

2018年1学期アクティブラーニング授業実践報告

佐伯市立直川中学校　氏名（立石　俊夫　）

学年（3学年）	教科（　社会科歴史的分野　）
単元名等	第3章「これからの日本と世界」本時『新元号選定から日本の未来像を考える』4/4
主　眼	2019年5月1日より採用される「新元号」について、友と協働しながら選定したり、それを比較検討する自由討論会を通して、3年間、歴史学習で学んできた「これまでの時代の課題」と「これからの時代への願い」を適切に表現できるようになる。
評価規準【観点】	明治時代から平成時代までの特色や課題などを多面的、多角的に考察し、それを踏まえた上で、「新元号」を友と協働しながら考えることができ、自分の選定理由を明らかにしながら「新時代への願い」を適切に表現できる。　　　【社会的な思考・判断・表現】

アクティブラーニング（AL）実践場面（パフォーマンス課題→LNS→ハークネスメソッド）

※LNS：ロイロノートスクール開発版

学習課題

「あなたは日本史学を専攻し、長年、各時代の特色や時代の流れを研究してきた歴史学者である。そんなあなたは2018年6月、内閣総理大臣主催の「元号に関する懇談会」のメンバーに選ばれた。

今の天皇は、2019年4月30日をもって生前退位することが決定し、5月1日からは「平成」ではなく「新元号」が使われることになっている。懇談会は、その「新元号」を考える会議のことである。

さあ、あなたはどんな「新元号」を提案しますか？そして懇談会のメンバーと協働して、理想的な「新元号」を選定しよう！

❶前時にそれぞれが4字提案（LNSで集約）

❷本時：懇談会の手順の確認

さあ今日は「元号に関する懇談会」をハークネスメソッドで開催します！

❸白熱する「元号に関する懇談会」

ハークネスメソッドには役割指定はない。自分たちで時間内に結論を出すために自由討論を行う。本時はこれを2度設定して、課題解決に迫った。

❹最終的に3つの新元号案に絞り、投票する。

❺新元号を発表し、「官房長官談話」で、歴史学習のまとめをおこなう。未来を創造していく主体者として、今まで歴史学習で学んできた事を活かす。

まとめ

これまでも「私たちはなぜ歴史を学ぶのか？」を問い続ける授業を展開してきた。今回の授業はその最終回である。歴史学習の最後は、これまでの125時間の授業と違い、始めて自分たちの時代を追い越し、「未来を創造する」授業を行った。そしてパフォーマンス課題、思考ツール、LNSとICT機器の活用、「授業のNAOSTYLE」、ハークネスメソッドとコーネルメソッドノートなど、これまで3年間の社会科授業で実践してきた活動や手立ての工夫を駆使して、ALの集大成としての授業を行うことができたと考える。

これは数十年に一度しかできない授業ですが，単元を貫くパフォーマンス課題のつくり方やその追究の仕方については，汎用性のあるものです。単に入れ子構造であればよいのではなく，生徒がどのような技能と表現力を身に付けて最後の授業を迎えるのかが重要なポイントです。

シンキングツールをフル活用した
授業デザイン③

① 情報活用能力を考慮したシンキングツールの活用ポイント

　中学校学習指導要領の総則編解説には，情報活用能力について「世の中の様々な事象を情報とその結び付きとして捉え，情報及び情報技術を適切かつ効果的に活用して，問題を発見・解決したり自分の考えを形成したりしていくために必要な資質・能力である」としています。さらに学習活動における情報活用能力とは，具体的にはどのような力なのかについては，以下のようにまとめられています。

　①必要に応じて情報手段を適切に用いて情報を得る。

　②情報を整理・比較する。

　③得られた情報を分かりやすく発信・伝達する。

　④必要に応じて保存・共有する。

　またこれには基本的な操作の習得やプログラミング的思考，情報モラル，情報セキュリティ，統計に関する資質・能力等も含まれるとしています。さらに情報活用能力は各教科の学びを支える基盤であり，どの教科でも育成を図る必要がある能力で，それにより「主体的・対話的で深い学び」につながるとされていることから，社会科での情報活用能力の育成も最重要課題の1つとなります。ではどのように学習過程に情報活用能力の育成を位置づければいいのでしょうか。それについて木村明憲氏は小学校学習指導要領解説をもとに，各教科の学習過程を整理されています。それによると情報教育の学習過程を①「課題を持つ」，②「情報を集める」，③「情報を整理する」，④「情報をまとめる」，⑤「情報を伝える」の5段階とし，さらに社会科では①「学習課題を見出す・見通しをもつ」，②「諸資料や調査活動で調べる」，③「比較，分類，総合，関連付け」，④と⑤「表現し理解する」に対応させています（木村明憲著『単元縦断×教科横断　主体的な学びを引き出す9つのステップ』さくら社，2020年）。

　私は木村氏の学習過程を参考にし，中学校社会科の歴史的分野での具体的な情報活用能力の育成を次のように学習過程に位置づけることにしました。

　①史料および統計資料などから課題（疑問）を見つけ出す。「**課題をもつ**」

　②課題（疑問）をグループで共有し，最も追究したい課題を決定する。「**共有し決定する**」

　③決定した課題をどのような方法や計画，分担で調べるのかを決める。「**見通しをもつ**」

④課題解決に必要な資料や調査活動をする。「情報を集める」

⑤集めた情報を整理し，関連づけたり，比較したりしながら分析をする。「情報を整理する」

⑥分析の結果から報告書をまとめる。「情報をまとめ，表現する」

⑦報告書を全体で共有し，評価する。「情報を伝える」

⑧これまでの学習過程を振り返り，まとめをする。

　このような学習過程を意識しながら，シンキングツールによる情報の整理と主張の可視化を行った実践例を次に紹介します。

② 実践例：歴史的分野「隋書倭国伝 VS 日本書紀」

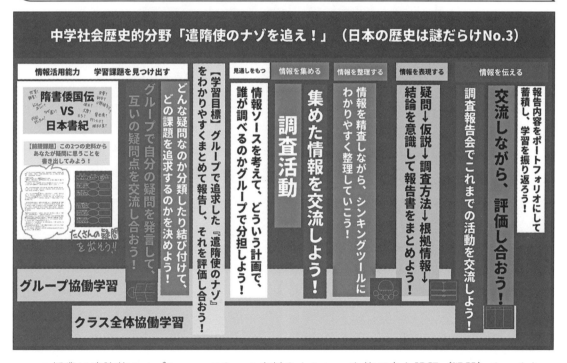

　この授業は遣隋使のナゾについて2つの史料をもとに，生徒が自ら課題（疑問）をつくり，それをグループで共有し，追及する課題をグループごとに決定するという「学習課題を見つけ出す」過程からスタートしています。

　この題材が面白いところは，遣隋使の史料は「隋書倭国伝」と「日本書紀」の2つしか存在しないということです。その意味するところは「江戸時代の学者でも，現代の大学教授でも，みんなのような中学生でも，同じ史料から考えをイメージし，仮説を立てて，根拠となる情報を集め，分析し，結論づけるしかないんだよ。そこが面白いだろ」とワクワク感が演出できることです。パフォーマンス課題のシナリオを作成しなくても（主人公を歴史学者にしなくても）十分に，リアルなステークホルダーのような気持ちで生徒は活動できていました。

それでは，実際の授業での活動を見ていきます。

①史料および統計資料などから課題（疑問）を見つけ出す。　「課題をもつ」

　遣隋使の派遣については，「小学校段階での既習事項＋概観や断片的知識」のインプットが
された後，「この2つの史料から，あなたが疑問に思うことを書き出してみよう」という前提
課題（のちにグループ共有で決定するのが本課題）から課題（疑問）をキャンディーチャート
「仮定する・見通す」で可視化します。

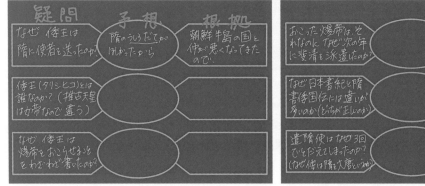

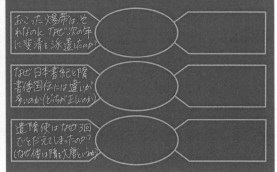

②課題（疑問）をグループで共有し，最も追究したい課題を決定する。　「共有し決定する」

　そのキャンディーチャートを使って，グループに自分の課題を提案し，グループで追求する
課題を決定します。その時にはフィッシュボーン「多面的にみる」で，テーマごとに分類した
り，見通したりします。

　　例：対等なの？　朝貢なの？　倭王と天子？→「上下関係」

　　　　なぜ煬帝は怒った？　なのになぜ使いをよこした？→「隋側からみた場合」

　　　　なぜ日本書紀と違いが多い？→「日本側からみた場合」

倭王は推古天皇？　隋なのに大唐？→「いつの誰の時か」

③決定した課題をどのような方法や計画，分担で調べるのかを決める。 「見通しをもつ」

　学習目標を「グループで追究した遣隋使のナゾをわかりやすくまとめて報告し，それを評価し合おう」とし，それぞれのグループで調査活動の分担を行います。

　例：隋という国と時代背景→○さんと◎さん

　　　飛鳥時代の国と時代背景→△さんと□さん

　　　聖徳太子と推古天皇→★さんと☆さん

④課題解決に必要な資料や調査活動をする。 「情報を集める」

　情報はロイロノートにカードとして，その要約をまとめていきます。また必要に応じて，結論を導き出し，理由（根拠）を示したクラゲチャートを作成しておけば，グループ共有しやすくなります。

⑤集めた情報を整理し，関連づけたり，比較したりしながら分析をする。 「情報を整理する」

　情報を精査しながら，クラゲチャート「理由づける」でわかりやすく整理していきます。

⑥分析の結果から報告書をまとめる。 「情報をまとめ，表現する」

　どのような疑問からスタートし，どのような仮説を立てて，情報を集める調査活動を行った結果，最終的にどのような結論に至ったかを情報分析チャート「構造化する」を使って，整理し，報告書にまとめます。

⑦報告書を全体で共有し，評価する。 「情報を伝える」

　調査報告会を開催し，グループごとに調査結果をプレゼンしていきます。ロイロノートを使用して，これまで作成したシンキングツールを用いたステップチャートで行います。また評価についてはPMI「多面的にみる」を使用して，「P：プラス面」「M：マイナス面」「I：気になる面や改善点などPでもMでもない点」をまとめます。

⑧これまでの学習過程を振り返り，まとめをする。

　振り返りはこれまでの学習を振り返り，「わかったこと」「できるようになったこと」「これから活かせそうなこと」をまとめます。この一連の学習活動を1つのロイロノートのノートにまとめておくことで，整理されたポートフォリオを簡単にクラウド上に保存することができます。これは情報管理や保存という観点からも重要なポイントです。

③ 実践例：公民的分野「GoToキャンペーン　対立と合意」

　この授業は2020年7月22日 GoTo トラベルキャンペーン実施直前の3日間で，急遽行った特設授業です。中学3年生の公民的分野の「対立と合意」の単元のまとめとして行いました。その当時は休校が明けて2か月ほどが経っていましたが，まだまだ感染者が多く，経済対策のGoTo トラベルキャンペーン実施については，賛否両論がありました。そこでまずはどのような方がどのような意見を持っているのかを調査（情報を集める）し，それをもとに考察を進めていく（情報を整理する・情報をまとめ表現する・情報を伝える）授業を展開しました。

　この授業ではパフォーマンス課題を設定していません。しかしグループ討議の時に，ロールプレイング（生徒をいろんな立場，ステークホルダーの役割に立たせて討論する）の手法を用いることで，それぞれが違ったパフォーマンス課題を設定された状況になっています。

　この授業のポイントは以下のような点です。

①公民的分野「対立と合意」をまさに今，コロナ禍真っ只中にある生徒とともに「答えのない問題」に挑戦したこと。
②単元計画の「課題設定→情報収集→整理→分析考察→まとめ→振り返り」の各過程をプロット図でわかりやすく可視化したこと（次ページの図を参照）。
③整理および分析考察において，それぞれ最適と思われるシンキングツールを活用したこと。
④それぞれの過程において「わかったこと」を累積し，最終的にそのすべてを「まとめ」「振り返り」の過程で活かす「入れ子構造」を意識したこと。
⑤多角的考察の方法として，ロールプレイングを採用し，ジグソー学習も合わせて，生徒の主体的で対話的な学びを実現したこと。

　さらに単元目標では，
　「GoTo トラベルキャンペーン実施について，人々はどのように考えているのかを調査し，それを分析した結果を踏まえて自分たちの結論を導き出そう」とし，また社会科における見方・考え方については，
　「情報収集の方法を学び，それを活用する情報活用能力を活かして，情報の整理と分析結果をシンキングツールで可視化しながら，「もっと適切な方法はなかったのか」「何か足りない点はないか」などの結果と調査方法の因果関係も視野に入れたクリティカルな自己分析を行う」
　「課題に対して単に GoTo トラベルキャンペーン実施に賛成か反対かではなく，多角的な考察を行い，さらに多面的に，経済面，医療面などの双方にとって Win-Win の考えを見出す」という設定のもとに実施しました。次のページに全体像のわかるプロット図を掲載します。

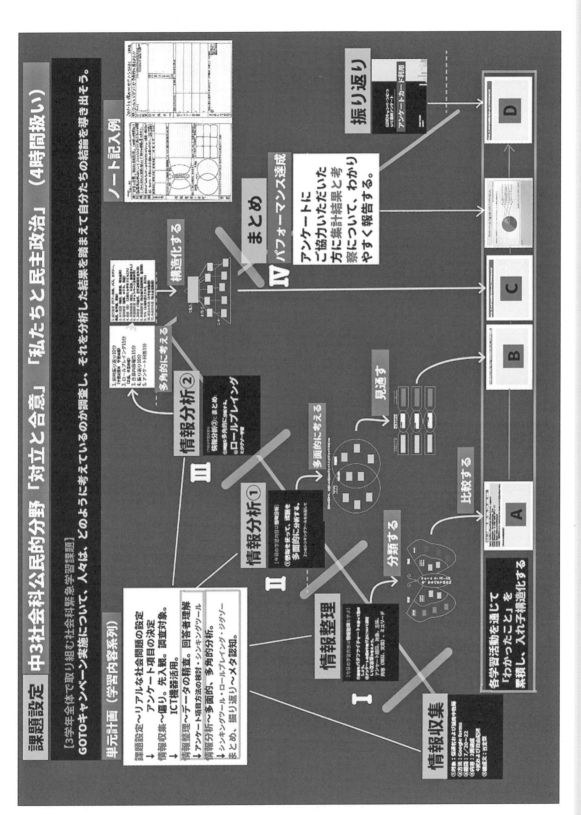

プロット図は，思考スキル「要約する」ことを助けるシンキングツールですが，プレゼンなどの構成を考える時に役立ちます。ロイロノートではユーザー会で，授業案そのものをプロット図で示すようになっています。どのような授業デザインも非常にわかりやすく簡単に共有することができるので，ロイロノートの授業案サイトや公式チャンネルでは，このプロット図で授業案を作成することが一般的となっています。

①情報収集

　さて，実際の授業は，まず「いろんな立場の人は，このGoToトラベルキャンペーン実施にどのような意見を持っているのか」を調査するアンケートを実施（Googleフォームで作成し，生徒が学校や家庭で調査依頼）することからスタートしています。これが「情報を集める」という過程です。アンケート内容は次のようなものです。

　「あなたは『GoToキャンペーンは今やるべきではない』という意見に賛成ですか。またそのようにお考えになった理由をお教えください」

　この文面も生徒とともに考えたものですが，これは後の考察で「誤った回答があった」など「アンケート自体（文章がわかりにくい）に問題があったのではないか」というクリティカルな検討をすることもできました。これも「情報を集める」時に留意する点だと理解することができ，効果的でした。この調査では80.2％の人が実施に反対という結果でした。

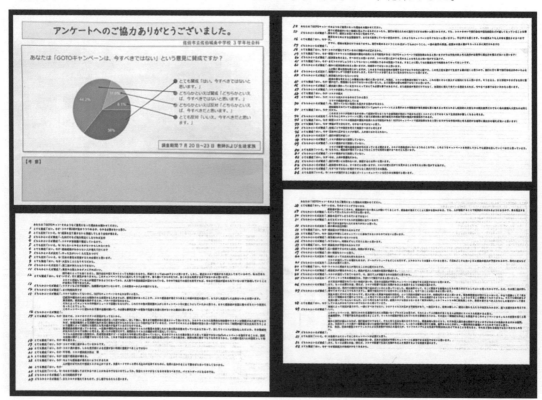

②情報整理

　バタフライチャート「多面的にみる」を使用して，賛成と反対を整理していきます。アンケート選択項目は「とても賛成」「どちらかと言えば賛成」「どちらかと言えば反対」「とても反対」になっていますので，調査結果から，自分で強調したい意見や代表的な意見を選び，チャートにまとめていきます。

③情報分析(1)

　次にベン図「比較する」を使い，経済面と医療面の2つの面の共有部分は，「どちらにとってもよいアイデアはないか」の考察領域とします。さらにキャンディーチャート「仮定する・見通す」でそのアイデアの理由づけと見通しを可視化します。

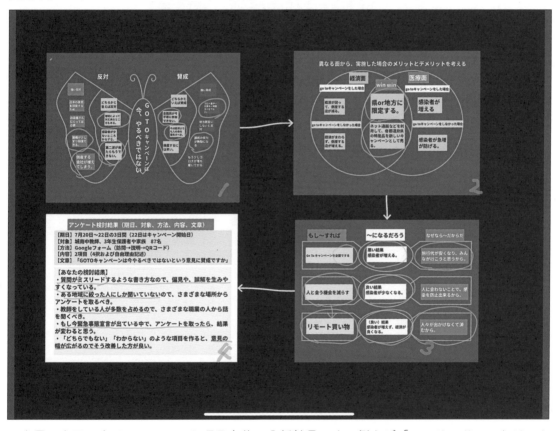

　上図の左下の表は，アンケート項目自体の分析結果です。例えば「ミスリードにつながるような書き方があったのではないか」「選択項目に『わからない』『どちらでもよい』などが設定されていた場合，結果が違ってきたのではないか」などの意見が出されました。

④情報分析(2)

　ここでは，11種類の職業や立場を設定し，ステークホルダーごとにジグソー学習をします。その後ピックアップし，それぞれのグループ毎にロールプレイングを行い，多角的な考察に導く学習活動を行います。

---

1. 市役所職員（地方。不景気。感染者なし）
2. 政府関係者（キャンペーン企画担当）
3. 東京の住民（大手企業勤務）
4. 佐伯市住民（地方企業勤務）
5. お土産屋（商店、飲食業、観光施設）
6. 医療関係者（地方総合病院医師、看護師）
7. 宿泊業者（旅館、ホテル、民宿）
8. 学生（入試を控えた中3、高3生）
9. 旅行業者（ツアー会社、バス、タクシー、鉄道、航空機、船舶）
10. 高齢者（70歳代。定年退職後年金生活）
11. 家族（親）（夫婦と小学生子ども2人）

私は医療関係者です。
今年、コロナが流行って、約5ヶ月が経ちました。けれどいまだに終息せず、増え続けており私たちは休みたくても休めません。日々増え続ける検査対応に追われ、このままでは対応が追いつかず私たちの体力にも限界がきます。一刻も早く患者を減らすために努力はしていますが、重症患者の対応に不安になる人など、心身にも影響が出ています。私たちからしたら、GO Toキャンペーンはなるべく控えて欲しいです。
【主張点】
・GOTOキャンペーンで、コロナの感染者が増えて大変
・ワクチンができない
・病院がコロナの巣になってしまう。
・人が増えると自分たちも手に負えなくなる。
・自分たちが倒れてしまう。

私は、佐伯市在住の地方企業関係の仕事をしている者です。
特に私はイベント等の企業関係の仕事をしています。
佐伯市は都市などに比べてコロナの感染者は少ないですが、コロナ感染拡大予防のため、夏休みのイベントなどが全てなくなったため、私達の企業の会社は仕事がなくなっている状況です。つまり、収入が減り続けています。このまま、仕事がない状況が続くと、会社も倒産するかもしれないし、何より、生活が出来ません。なので、GoToキャンペーンは継続して欲しいです。
（主張点）
・コロナ感染者が比較的少ない地域でも、生活に影響がある。
・会社が倒産しそうなのは、都心だけではない。
・仕事がなくなるのは、都会の人だけではない。
・今、GoToキャンペーンを継続してくれないと生活が出来なくなる。
・この夏休みで仕事が増えないと、会社も生活も厳しい状況になる。

　立場はくじで決定しました。ですからディベートのように自分で選ぶことができません。まずは同じ立場の人でグループを作り，上の図のような詳細な設定と主張点を考えます。これは後に生徒自身がパフォーマンス課題をつくるという事前トレーニングにもなります。そして次にグループから1名ずつをピックアップして，それぞれ立場が混在したグループを作り直し，そこで討論するという形です。立場や主張点が混在することで，より議論が活発になります。

⑤ロールプレイングとまとめ・振り返り

　ロールプレイングではピラミッドチャート「構造化する」を使用して，下段に役割（ロール），中段に主張点を可視化し，最上段に話し合いの結果，到達できた「合意点」＝納得解を書き込みました。そしてそれをクラス全体で共有するという活動を行うのがクライマックスです。

　まとめと振り返りでは「アンケートに協力していただいた方への集計結果報告と考察のお礼」を作成（情報を伝える）し，またロイロノートで自分の考えをまとめました。

　生徒の最終判断（ここまでは一度も生徒は自分の意見は表明していません）はロイロアンケートカードを使用して，全体で共有しました。これも一瞬でグラフ化できます。

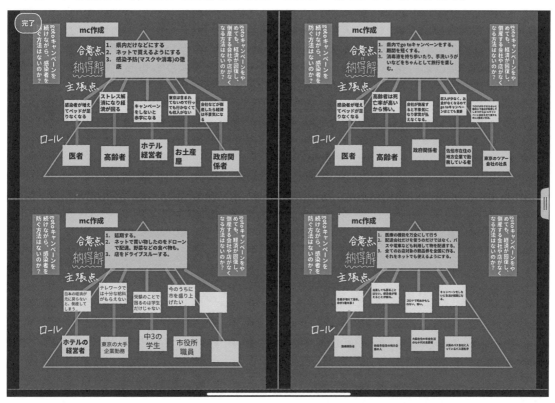

　生徒の最終判断は「今は GoTo キャンペーンを実施すべきではない」に賛成14人と，多くを占めていますが，振り返りの中には，いろいろな立場から考え，経済面と医療面の双方から考えた記述が多く，ステレオタイプ的なアンケート項目では，表現することができない意見を得ることができたようでした。統計資料の数値だけではみえてこない結果でした。

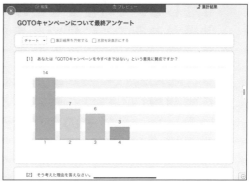

振り返り

私はやっぱりみんなが平等に得をできる方法を考えるのは難しいんだなと思いました。私は最初はお金がないから困る！だからキャンペーンをしてくれないと！と思っていたけど、病院の人などの意見を聞いて、もっといい方法があるはずと考えることができました。例えば、キャンペーンを西日本と東日本で分けて行うことや、商品券を作るなどをしたら、私が担当したバス会社の人もお金が入ってくるし、感染者も少しだけど減ると思いました。みんな命は大切だけど、お金がなくて生きていけなくて困っている人や、コロナが怖くて死ぬかもしれないと思って生きていけない人もいて、人それぞれ違っていました。自分もその1人で、自分のことしか考えてなくてキャンペーンをした方がいい！とずっと思っていたけど、話し合いをしてキャンペーンを行うよりももっといい方法を考えることができました。だから、自分の価値観だけで決めつけるのではなく、やっぱり話し合いや意見を言い合わないと良い方法などは生まれないんだなと思いました。私もいろんな人の立場になって考えることは大切なんだと思えました。

振り返り

私はGo to キャンペーンは感染者が増えるばかりだからやめた方がいいと思ったけれど、Go to キャンペーンをしてからニュースで倒産したというニュースを聞かなくなり、やっぱりGo to キャンペーンは大事なのかなと思った時に全国で感染者がとても増えたりしてGo to キャンペーンは本当にやるべきなのかと考えていました。考えるとGo to キャンペーンは中止や延期などしないで改善するだけで医療的にも経済的にもどちらにも効果があることに気づきました。医療の機能を万全にすることや、西日本と東日本を分けて行う、全国に商品券を配布したり、配達会社の物を配達会社だけではなく、バス会社や電車などを利用して行うと経済なども相当回復するのではないかと思いました。私はそのような改善が出来たらGo to キャンペーンを大賛成だと思います。

生徒のノートです。

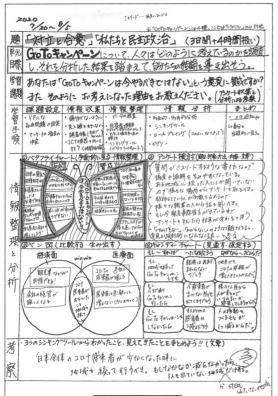
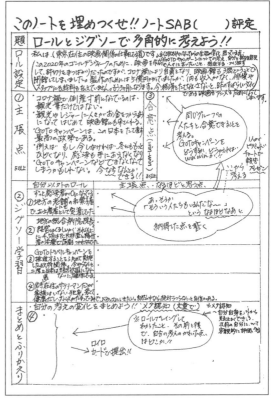

　情報収集の手順，分析考察の方法なども学習することで，一般化される見方や考え方の育成にも取り組みました。また「情報の確かさ」の問題にも生徒自身が気づき，さらに「このアンケート自体にも修正」が必要などは，クリティカルな自己分析にもメタ認知にもつながる収穫でした。コロナ禍の真っ只中に生きている生徒とともに，今すべきこと，今学ぶべきこと，今考えるべきこととして，この課題を設定することで，元来「社会科」とはこういう課題を追究する教科であったはずだと，私自身も再認識できました。新しい学びの形でした。

第4章

ここをめざそう！
生徒とつくるわくわく
パフォーマンス課題

GIGA スクール構想と求められる新しい授業文化

① GIGA スクール構想4つの指標とは

　2019年12月に文部科学省は GIGA スクール構想を発表し，新しい学校教育に必要な教育改革をスタートさせました。ご存じのとおり GIGA は「Global and Innovation Gateway for All」の略称で，「すべての児童・生徒のためのグローバル（世界につながる）で革新的な扉」を意味しています。

　この実現のために必要とされる1人1台端末や高速通信ネットワーク整備を中心に，教育ICT 環境の構築が「令和時代のスタンダード」として打ち出されました。さらに2020年からのコロナ禍により，その構想が前倒しされ，2021年4月からは全国で GIGA スクール構想に応じた教育が行われるようになりました。そのような教育環境の変化の中で，本書で紹介しているクラウド型授業支援ツールであるロイロノート・スクールは，ついに1日の利用者数が約200万人を突破し，GIGA スクール開始前と比べて，利用者数が20倍に増加しています（ロイロノート・スクール，2022年3月発表）。

　このように多くの自治体や学校では，2021年度が GIGA スクール構想のスタート年度であり，2021年度と2020年度では，大きな授業環境の変化があったことがわかります。授業環境の変化とは，単に端末導入やネットワーク整備などのハード面の話だけではなく，授業内容や授業デザイン（構造），学習形態（オンライン）などのソフト面の変化も表しています。

　この第4章では将来，日本の教育史を振り返る時にターニングポイントになるであろう2021年度が終了した時点での成果と課題，今後の予想などを通して，これから求められる「新しい授業とはどんな授業なのか」を考えてみます。

　右の写真は別の場所にいて，教室の授業に参加していない生徒もオンラインで，グループの話し合いに参加している様子です。このような授業参加も可能になりました。

GIGAスクール「4つの指標」

「Global and Innovation Gateway for All」

G	I	G	A
限定的でなく世界へ広がっているか	革新的な取り組みになっているか	開かれた取り組みになっているか	誰ひとり取り残さない取り組みになっているか
他地域　国内　海外　世界	刷新　新結合　変化	保護者　地域　他校	生徒　教師　保護者
視点として	効果として	報告・交流範囲として	主体として

　GIGA スクール構想スタート年度である2021年度を振り返る時に，私は上の図のような4つの指標を考えました。その指標の着想は GIGA つまり「Global and Innovation Gateway for All」そのものにあります。

①1つ目の指標は「G」のグローバルです。この言葉には「生徒が将来にわたって目指す姿」が表されています。その姿を連想しながら教育改革や授業改革が行われているかということで，視点として「目指すものが，限定的でなく世界へ広がっているか」という指標です。端末を使う目的が，いくら個別最適化が優先された結果であったとしても，ドリル中心であったり，従来の反復学習の補助アイテムとしてだけ利用されている場合は，この指標は達成できているとはいえません。

②次の指標は「I」のイノベーションです。これはこれまでスタンダードだった教育を「どのように新結合させたり，刷新することで革新的な取り組みになっているか」という指標で，単に1人1台端末で授業を行うようになったというだけではなく，そのハードをどのように刷新されたソフトで使いこなしているかをチェックしようという指標です。

③2つ目の「G」はゲートウェイです。扉という意味ですから，開かれた教育を表していると解釈します。本来の意味は「グローバルやイノベーションへの世界が広がるそのスタートとなる扉の前に生徒たちを立たせよう」という意味ですが，ここでは敢えて3つ目の指

標として「学校で行われているそのような新しい教育改革が，地域や保護者，他校に公開された開かれた取り組みになっているか」つまり「扉は誰にでも開かれているのか」としました。扉から未来へ出ていく生徒。扉から学校の授業改革の進展を見届けようと入ってくる保護者や地域の人，そういう姿を想定しています。特に保護者の理解がなければGIGAスクール構想は頓挫しかねないので重要な指標です。

④最後は4つ目の指標としての「A」です。これは本来は「生徒たち全員＝誰一人取り残さない」という教育改革を行う側の意識を明確にしたもので，SDGsとの関連性も考えられるものです。しかしここでは生徒だけではなく，例えば「授業改革が，特定の先進的な取り組みに積極的な授業者だけになっていないか」など授業者全員も含めたチェックが必要だと考えます。

この4つの指標をチェックするために，ロイロノートを使って新しいシンキングツールのレーダーチャート「比較する」を作成しました。そしてGIGAスクール構想初年度のチェックとして，典型的な例を3つほど作りました。

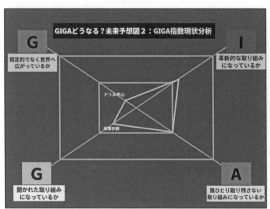
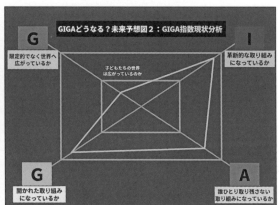

これらのチェックシートでは，いずれも偏った実践が行われていたことが可視化されることで明確になっています。

このようなチェックはシンキングツールを使用すれば，簡単に作成できますし，その共有にも時間がかからないので，職員の全体研修などで利用することができます。これも授業以外でロイロノート版シンキングツールを活用できる1つの例です。ぜひ学校での学年

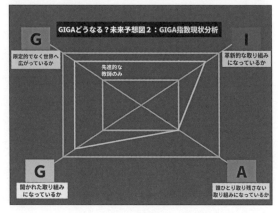

末，学年初めの研修で試してみてください。可視化することで「めざす姿」が見えてきます。

② これからの授業文化とは

　前述したように GIGA スクール構想では，単なるハード面（端末導入や高速ネットワーク構築）ではなく，学校そのものの刷新が求められています。特に授業については授業構想の段階から実践などのすべての場面を含む「授業デザインの在り方」の見直しが，求められています。ハード面の変化に呼応するようにソフト面での改革こそが，授業者の最重要課題です。

　ここまでその最重要課題を解決する方法として，本書では，わくわくするようなパフォーマンス課題の設定やロイロノート版シンキングツールの使用を手助けとして可能となる「新しい授業」を紹介してきました。ここでもう１つ考えなければならないことがあります。それは「新しい授業」を土台から支える，または「新しい授業」から醸成される「新しい授業文化」という考え方です。

　この授業文化という考え方は，「考える文化」を実現する授業だといえます。

　「考える文化」とは「全員に対して，個人および集団の思考が，毎日のあたりまえの経験の一部として尊重され，可視化され，強く奨励される場」と定義されるもので（R. リチャート・M. チャーチ・K. モリソン著，黒上晴夫・小島亜華里訳『子どもの思考が見える21のルーチン』北大路書房，2015年，p.207），つまりこの「場」を授業で実現しようとするのが「授業文化」の構築です。

　また前掲書では，「日本の学級文化」として「それぞれの学級には文化がある。それを学級文化とよぶ」そして「考える文化」については「これは，考えることを尊重し重視する価値観が学級で共有されている状態をさす」と訳者解説があります（前掲書，p.268）。

　これらのことを踏まえて，私が考える「新しい授業文化」とはどのような授業なのかを紹介します。下の図はこれまでの「問いと答えの連鎖による日本型授業文化」をシンキングツール座標軸「順序づける」を使用して，可視化したものです。

　これまでの授業では縦軸のように「尊重される答え」と「尊重されない答え」があり，授業展開は常に左下から右上に向かって誘導されがちでした。そこには明確な正解と不正解の横軸が存在し，「おしいけどもうちょっと」という答えでさえも評価は低い状態だったのです。

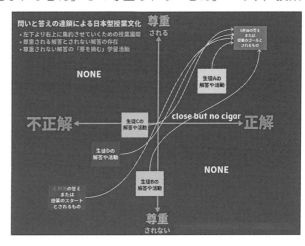

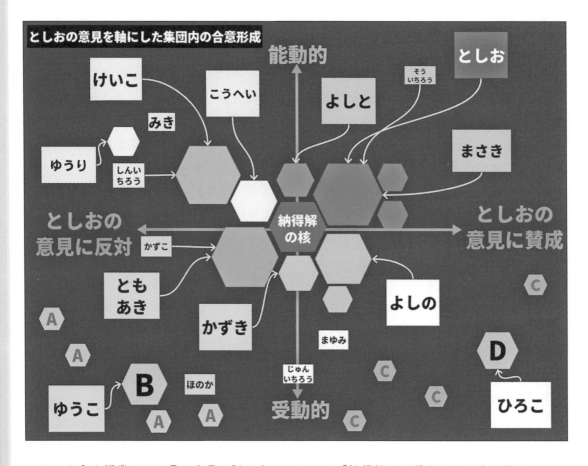

としおの意見を軸にした集団内の合意形成

そのような授業では一見，全員の話し合いによって「納得解」が得られたように見えても，実は能動的な意見だけでなく，集団の中で埋没されてしまった受動的な意見があったことに気づいていない（可視化されないために）ことがあります。

例えば上の図の座標軸のように，1つの課題に対して，意見や態度が分かれた学級があったとします。

ここでは能動的（積極的に意見を発言する）な，よしとさん，まさきさん，けいこさん，こうへいさん，そういちろうさん，としおさんなどは，発言することで授業内で誰がどんな意見をもっているか顕在化（可視化）されています。しかし一方で受動的（意見をいうのをためらう生徒）な，ゆうこさん（B），ひろこさん（D）は違った見方や意見を持っていても授業内では顕在化されていません。さらに授業者が考える違った見方や考え方が予想されるAやCもあるはずですが，それも授業者には，生徒内にあるのかないのか，わからない状況です。そして授業の方向性は，表明された意見だけで中心の「納得解」を形作っていくことになります。それも表明された意見の強弱によってその形が決まっていくのです。

従来の日本型の授業では，このような「結果の納得解」が評価され，その形成過程に個人として，どれだけ貢献したかが尊重される傾向にありました。しかしこれからは，以下の生徒を

すべて平等に評価尊重する授業文化を形成する必要があります。

①意見を能動的に表明して納得解を形成する生徒。

②意見を持ちながら受動的にしか参加できず，納得解に思いだけで参加している生徒。

③立場は漠然とし，明確な意見を持っていない生徒（みき，まゆみ，ほのか，じゅんいちろう）。

そして，これら①～③のすべての生徒の意見の存在を可視化するための手段として，ロイロノート版シンキングツールなどを使用して，「立場の顕在化」や意見の「多様な表明の仕方」を支える手立てが準備されなければなりません。挙手して発表だけが手段では足りないのです。

その上で「隠れた意見がある」ことを全員が認識し，それを考慮しながら「納得解」を作り出すことが重要となります。それこそが「真の納得解」です。

またそのような授業を実践するためには，「解よりも過程」を生徒も教師も高評価する授業文化を育成する必要もあります。即答型の授業ではなく，「測答」＝迷いやはっきりしない答えも推測し，尊重できる文化です。生徒と授業者を結ぶ懸け橋は「答えではなく迷いの過程」です。

さらに他に従来の授業では生徒と授業者の役割も固定化されていたのではないかという疑問もあります。従来の授業における教師と生徒の役割は，教材の選定から学習計画，課題設定，時間配分さらに評価までが教師主体であり，生徒はある意味，受動的に授業に参加している状態が多く，これは教科だけではなく，学校教育全般にわたって固定的でした。

しかしこれからの授業文化では，生徒と教師が授業における主体的役割を分割または協働して行うようにし，下の図のベン図の共通部分を増やしていくことが重要となります。

何を学ぶか（課題），どのように学ぶのか（計画），そして，どのようにその授業や探究を自己評価すればいいのか（振り返り）も，生徒と教師がそれぞれの立場で行うことで，新しい授業文化が生まれます。

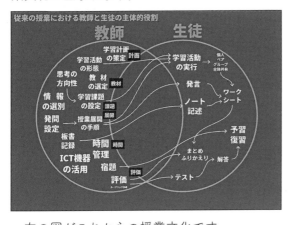

右の図がこれからの授業文化です。

共有部分が授業を刷新する鍵になります。

左の図のように従来は共有部分があまりありませんでした。

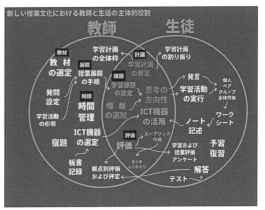

最後に私の考える社会科における「新しい授業文化」とは，どのようなものなのかをまとめます。これは「生徒自身がつくる」がキーワードになっていますが，そこに至るまでは「生徒と授業者が協働してつくる」という過程があってもいいです。そのステップも「授業者固定」からの脱却の過程だと考えます。スモールステップで進むことも必要だからです。

①授業者が，リアルな社会から得られる様々な情報を精査した題材を提示し，そこから生徒自身が問題点や課題を見つけ出す。
　（パフォーマンス課題を生徒が自ら作り出す）

②その課題を解決するための過程（時間や方法や手順）を生徒自身が計画し，仲間とシェアすることで再構築する。（当初は授業者と協働しながら徐々にシフトチェンジしていく）

③仲間（自集団）と協働しながら，問題や課題を整理分析し，仮説を立て，情報収集，編集して解決策を見出す。協働活動の基盤として
　・すべての意見が尊重される。
　・意見を表明することも，迷って結論を出せないことも評価できるような手立てが準備されている。
　・答えは必ず自分で出すが，短絡的に出さない。授業者は急がせない。

> 先生は
> 自分の教科と現実社会との接点から
> 『答えのない問題』をつくる。
> 生徒は
> その「答えのない問題」に簡単に答えを出さない、単純に他人の答えに納得しない構えで臨む。
> 先生は答えを出すことを急がせない。
> 生徒は答えを出すことを急がない。
> 　　　そういう授業文化を創り出す。

> ワクワク授業の成否は教師ではなく生徒の答えが左右する
> 即答はいらない。
> 　　　欲しいのは測答。
> 名答はいらない。
> 　　　欲しいのは迷答。
> ※「測」深い・思いはかる
> 　「迷」まよい・はっきりしない

④その「仮説→情報収集→情報編集→結論」の過程において，自他の意見の変化をモニターしながら，常に，そのループを繰り返して「真の納得解」に近づいていく。

⑤その解決策を最も有効な手段と思われる方法で，社会（他集団）に提案し発信する。

⑥社会（他集団）から得られた賛否両論をフィードバックして，さらに解決策を強固なものにしていく。

⑦最後に一連の学習活動について，生徒が自らを評価し，また相互評価を通して，それを次時の学習内容や他教科，他の教育活動や社会活動に活かすことができる。

　これからの授業文化の構築の中で授業者は，「自分の生徒が，どのくらい今までと違った切り口（視点や観点）で，物事を『診取る』ことができるようになったか」を重要な授業評価項目として捉え，積極的に生徒自身が，与えられた問題の答えではなく，そもそも「知らないことさえ知らなかった」ところから問題を見つけ出す問題・課題認識力を従来の課題解決力と同

学習課題を理解するのは時間がかからない。特別な知識や技術は要らない。入口は広い。でも課題を解くのは容易ではない。考えなくてはならないこと（視点・方法）がどんどん浮かんでくる。あれもこれも考えれば考えるほどややこしくなる。これでいいやと思っても、友達の答えを聞くと「あっそうか」とまた考えが変わるし、逆に「えー違うよ」と言いたくなったりする。自分でも深く広がっていく考え方を実感できてワクワクが膨らんでいく。結局出口はもっと広くなる。個性的で誰も否定されずにYES andが授業の文化になる。

望ましい授業文化は
　答えを必ず自分で出す
　答えを短絡的に出さない
　答えを共有し否定しない
この3つがメチャメチャ
楽しいと感じる時間を教師が
　準備することから始まる。

等に評価できる授業文化を創り出す努力を始めるべきです。

　このように新しい授業文化を支えるのは，「自己調整学習」そのものです。次にその一環として考えられる「生徒がつくるわくわくパフォーマンス課題づくり」を紹介します。

第4章　ここをめざそう！生徒とつくるわくわくパフォーマンス課題

2 わくわくパフォーマンス課題 と自己調整学習

① 生徒が自らパフォーマンス課題をつくる意義

　自己調整学習は，1980年代後半からアメリカの教育心理学者ジマーマンによって提唱された学習理論です。学習者（生徒）自身が，学習過程のすべてに能動的に関わり，自己の認知活動や行動をコントロールしながら，効果的に学習目標を達成していこうとする学習スタイルのことをいいます。つまり目標設定や課題分析，学習計画の立案や実践を準備したのち，実際の学習活動でも，それがうまくいっているかどうかを自己モニタリングして，結果を導き出し，終末の学習活動では，最初に立てた学習目標と学習結果を比較し，自己評価まで行います。そしてさらに更新された学習スタイルを使って，次の新しい課題に取り組んでいくというものです。

　これは，生徒自身が自分をモニタリング（自分の学習はうまくいっているのか）して，コントロール（学習目標を変更したり，計画を修正した方がいいのではないか）するメタ認知的な活動によって成り立っている学習といえます。

　またこの自己調整学習は，いわゆる自己進度学習とは違い，ドリルなどを自分の理解度や学習スピードに合わせて自由な時間に「自主的」に行う学習ではありません。

　自己調整学習には，課題や目標設定，学習計画の立案などこれまで授業者側が主に担っていた役割が，学習者に与えられていることが特徴的で，その学習の評価者も学習者が主体になっています。この「主体的」に学習を進めるスタイルが「自己調整学習」の本体です。ですから自己調整学習の「予見」の段階にあたる目標設定や学習方略の計画と自己評価が，重要なポイントとなります。

【参考文献】
● B・J・ジマーマン，D・H・シャンク編／塚野州一，伊藤崇達監訳『自己調整学習ハンドブック』北大路書房，2014年
● SRL研究会サイト
● 中谷素之，岡田涼，犬塚美輪編著『子どもと大人の主体的・自律的な学びを支える実践　教師・指導者のための自己調整学習』福村出版，2021年

ここでは，この自己調整学習の方略を参考に，パフォーマンス課題を生徒自身がつくるという新しい課題設定を試みます。

まずなぜ生徒自身がパフォーマンス課題を設定するのか，その意義とは何かについて考察します。下の図の同心円チャート（本来は思考スキル「変化をとらえる」で使用しますが，ここ

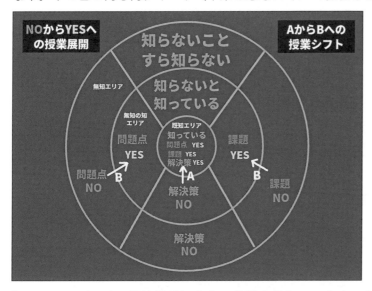

ではカテゴリーの関連性を図式するように使用しています）では，中心に既知エリアとして「（すでに）知っている」ことがあります。知っているという対象は「問題点や課題があることを知っている」さらに「その解決策も知っている」という状況です。その外側には「知らないと知っている」のエリアがあります。ここは無知の知のエリアで，問題点や課題があることは知っているが，その解決策は知らない状態を表しています。そして最も外のエリアですが，面積からわかるようにここが最も広大な領域で，「知らないことすら知らない」というエリアです。「問題点や課題があるということも知らないし，もちろんその解決策も知らない」という無知エリアとなります。

私たちの授業というのは，Aの→のところを追究することが主でした。つまり「課題や問題点」がこのようにあるんだということを生徒に認識させた後に，解決策または解答を考えさせるというものです。「問題→解答」の→部分が授業の主たる活動となります。

しかし現実社会を考えてみると，実は混沌とした社会状況の中には，当事者でない限り想像できないような課題や問題点が潜んでいる場合が多々あります。そのような「遠い問題や課題」に対しても，適切にアプローチできる能力が「近い問題解決の努力」につながります。SDGsの問題などがそれに当たります。

これからの授業は，社会的な事象に対して様々なアプローチを施すことによって，まず「問題点や課題」を認識し，それを具体的な例とともに顕在化させて，次にその解決策を見出すというB→の形の授業への転換が必要になります。そうすることによって厳然と存在する本質的な問題点に気づかない，気づけない「凡庸さ」から抜け出し，豊かな人間性をもつ公民を育てるという意義もあるはずです。生徒自身が社会的な事象から課題を見つけ出すことで，さらに「学びの主体者」となることができれば，自己調整力を発揮した学習が展開されるはずです。

生徒がパフォーマンス課題をつくる意義

与えられた課題をただ解くのではなく、自分たちで捉えた課題を協働で解いていくというパラダイムシフトが起こる。

①答えを求める授業から問題点を求める授業への転換
②状況をイメージすることによる創造性の育成
③人物に成りきる多角的思考の育成
④パフォーマンスを最終目的とする表現力の育成
⑤シナリオ設定によるロールプレイング的発想の育成

①以外はいずれも教師が作成したパフォーマンス課題であっても可能であったが、
①のゼロベースで考えることにより「思考の重量感」が増す。
現実社会でも膨大で漠然とした社会問題から、自ら課題を見つけ、解決にむけて探究する能動的な行為が多いはず。
→次は具体的な例へ

　具体的にパフォーマンス課題を生徒自身がつくる意義は，上の図のように考えられます。①〜⑤の効果的な「動機づけ」があり，特に①については重要なポイントです。

　また課題設定だけなら，いわゆる GRASPS を想定したパフォーマンス課題にしなくてもよいように思われがちですが，一般的な課題設定よりも高度な文章力や想像力を必要とするパフォーマンス課題を設定する方が，より課題認識力もアップしますし，仮想といえども具体的な状況を創造する（作り出す。設定する）ことにより，「なぜそれが課題なのか」「なぜこれがそれほど深刻な問題なのか」という説得力（主張）を課題中に「隠れた前提条件」として表すこともできます。その意味からも一般的な学習課題をつくるよりも，パフォーマンス課題をつくり出すほうが優れた学習活動であるわけです。

　むろん第1章で紹介した「本店」フルコースのパフォーマンス課題は難しいでしょうが，家庭料理の「わくわくパフォーマンス課題」なら，つくり方さえ習得すれば容易に作成することができます。授業者の発想を超える素晴らしい課題をつくる生徒も出てくるはずです。

　それでは次に実際に，どのような手順で生徒がパフォーマンス課題づくりの技能（スキル）を習得すればよいのかを考えてみます。

② ここからはじめる生徒自作パフォーマンス課題の授業

　生徒自身がパフォーマンス課題をつくる場合も，授業者がつくる場合も基本的には同様の手順で行います（第２章参照）が，最初からパフォーマンス課題レベルの作成に挑戦するのではなく，まずは，これまで授業者が主体としてやってきた課題や学習計画づくりを生徒に体験させる授業を通して，その動機づけと考える力の定着を図るのが良策です。その点を考慮して，下の図のようなスモールステップによる指導を考えました。

技能（スキル）の習得：パフォーマンス課題を自分たちで作れるようになろう！

中学社会科におけるパフォーマンス課題の設定

第1時
★課題は授業者設定。でも学習計画と内容は生徒設定★
課題解決のために、何を、どれくらい、どのように学習していくのかは、自分たちで決めてみよう！

第2時
★学んだことから学習課題を作ってみよう。特定の解決策を導き出せるように逆向きに設定しよう★
例えば「地球温暖化対策には再生エネルギー開発が最も有効である」という答え（解決策）を導き出せるような学習課題はどのような文章にすればいいだろうか。

第3時
★基本の学習課題から、多様な解決策を導き出せるような工夫（前提条件）を施してみよう★
例えば「ＳＤＧｓの２０３０年までの達成に対して障壁となっていること」を多面的、多角的に考える課題にするためには、どのような条件を文章に入れればいいだろうか。

第4時
★さあいよいよパフォーマンス課題をつくろう★
シナリオ作りを事前トレーニングで練習しよう！

これまでの学習で身に付けた「パフォーマンス課題の作り方」を発揮して、次の題材を使ってパフォーマンス課題を作り、さらに、その課題解決にみんなで取り組み、解決策を考える学習を自分たちで作り出そう！
「大正時代の日本と世界」その問題点と課題

　この段階的な指導の中で，第１時と第４時および最後の「大正時代の日本と世界」について紹介します。

　第１時は，パフォーマンス課題づくりを学ぶ前に，まず「学ぶ主体者」としての意識を高めるために，課題づくりよりも取り組みやすい「学習内容の吟味」や「学習計画の立案」に取り組ませます。このような自己調整力を高める工夫は，これまでの授業とは何か違うものが始まる，何か違うスキルを身に付けられる，授業そのものを多面的に自分自身をメタ認知的な視点から見ることができる，などの効果が期待できます。そのきっかけになるのが第１時の活動です。そのような「学ぶ主体者としての自覚」が整えば，「学習課題を自作する」という発想も受け入れやすくなり，意欲や動機づけにもつながります。

第1時「京都らしさとは何か」

あなたは写真部に所属している高校生である。あなたは『高校生写真コンテスト全国大会』に参加するために、本年度の開催地である京都に来ていた。このコンテストは毎年、開催地に合ったテーマを設けて、それに最も相応しいと思われる写真を参加者がそれぞれ、1年間かけて撮り続け、最後にその中から1枚だけを選んで応募することになっている。

そして最終審査に残った作品については、京都会場において、撮影者自らが、制作意図について審査員へのプレゼンを行い、それも評価対象となっているのだ。

さあ、あなたはどんな写真を選び、どのようにプレゼンすればいいのだろうか？あなたの応募作品を決定し、さらに最終プレゼンをロイロノートの5つのカードで完成させてほしい。

そしてあなたが取り組むコンテスト大会テーマは、これだ！

高校生写真コンテスト全国大会 IN京都2018 「京都らしさとは何だろうか」

第1時「京都らしさとは何か」は地理的分野「近畿地方」のまとめ学習で設定しています。授業のねらいとしては、「京都らしさとは，世界遺産をはじめとする数々の歴史的建造物の写真から連想されるものではなく，京都の景観を保護し保全するために施行されている条例などに従って実施されている看板やネオンなどの商業施設の規制などに着目して，京都を訪問する観光客がいつでも「京都らしさ」を感じられるような努力をしている京都の人々の考え方や生き方にこそ「京都らしさ」や「京都らしさを維持し，歴史を残していく覚悟」があることを読み取ってほしい」というものです（ですので私だったら「四条河原町から見る夕陽」の写真を撮ります。車のヘッドライトがまぶしくてもきれいな夕陽，1000年前の平安時代の人々も観たと思えるような夕陽が，こんな街中で見ることができるのは，京都だけだからです。暗いからこそ美しく見えます）。

この課題「京都らしさの追究」とプレゼン（主張）を作り出すために，生徒に何を，どのくらいの時間調べればいいのかを計画させます。「京都の自然」「京都の歴史」「京都の環境保全」「京都の文化」「京都の観光」「京都の産業」「京都の災害」「京都の行政」「京都の課題」などで必要と思われる情報を，適当な時間配分と計画で実施できるように計画づくりを考えさせます。

総時間数は決めていた方が実際にはよいと思いますし，京都の写真を撮るというのは難しいので，写真からイラストを描いたりすることにより補完させることも考えられます。

　この授業の形「課題→解決の道筋→追究の実施→プレゼン→振り返り」は，社会科の他分野や他教科でも役立つ探究テンプレートです。第2時と第3時は割愛します。

　第4時はいよいよパフォーマンス課題を作成します。このパフォーマンス課題の作成の仕方は，基本的には第2章で詳述したものと同じですので，生徒だけでなく，あまりパフォーマンス課題を作成した経験がない授業者にも役立つ事前トレーニングとなっています。

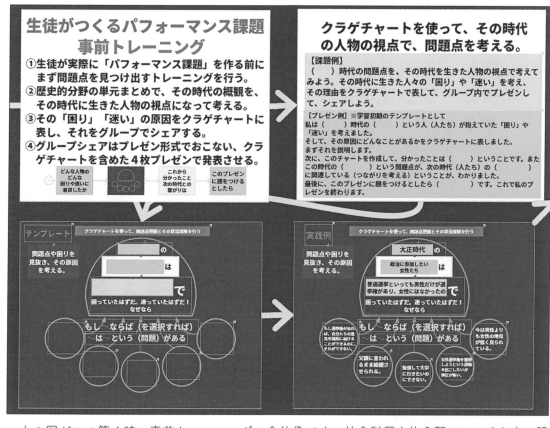

　上の図がこの第4時の事前トレーニングの全体像です。社会科歴史的分野でのつくり方に限定していますが，図に示した通り，パフォーマンス課題は「問題点を見つけ出す」ところからスタートします。次にその問題点を抱えている当時の人物を想定して，その迷いや困りの原因をクラゲチャート「理由づける」を使用して可視化し，それを使った4枚カードでプレゼンを行います。この活動を通して，社会的事象から問題を発見し，課題をつくるために必要なことを身に付けることができ，プレゼンの練習もできます。未熟な学習者のためにプレゼンは，テンプレートを準備しておきます。次のページにカードを拡大しておきますので参照してください。

生徒がつくるパフォーマンス課題
事前トレーニング

①生徒が実際に「パフォーマンス課題」を作る前に まず問題点を見つけ出すトレーニングを行う。

②歴史的分野の単元まとめで、その時代の概観を、 その時代に生きた人物の視点になって考える。

③その「困り」「迷い」の原因をクラゲチャートに 表し、それをグループでシェアする。

④グループシェアはプレゼン形式でおこない、クラ ゲチャートを含めた４枚プレゼンで発表させる。

クラゲチャートを使って、その時代 の人物の視点で、問題点を考える。

【課題例】

（　　　）時代の問題点を、その時代を生きた人物の視点で考えて みよう。その時代に生きた人々の「困り」や「迷い」を考え、 その理由をクラゲチャートで表して、グループ内でプレゼンし て、シェアしよう。

【プレゼン例】 ※学習初期のテンプレートとして

私は（　　　　）時代の（　　　　）という人（人たち）が抱えていた「困り」や 「迷い」を考えました。

そして、その原因にどんなことがあるかをクラゲチャートに表しました。 まずそれを説明します。

次に、このチャートを作成して、分かったことは（　　　　）ということです。また この時代の（　　　　）という問題点が、次の時代（人たち）の（　　　　） に関連している（つながりを考える）ということが、わかりました。

最後に、このプレゼンに題をつけるとしたら（　　　　）です。これで私のプ レゼンを終わります。

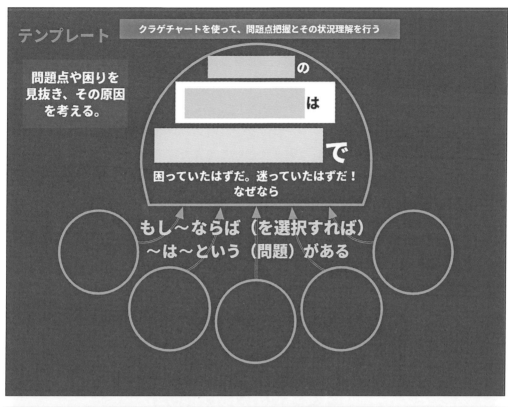

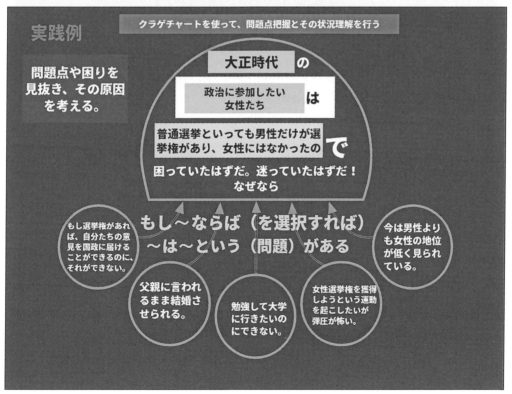

③ 授業構想：歴史的分野「ある社会科教師の悩み」

さて「生徒がつくるパフォーマンス課題」の最終授業である「大正時代の日本と世界」の授業構想について紹介します。前ページの事前トレーニングの授業で使用したクラゲチャートの実践例は，この「大正時代の日本と世界」の内容になっていますので，この最終授業の時間に使う（つまり単元学習の途中で事前トレーニングを組み込む）こともできます。

最終授業のパフォーマンス課題は，これまで記述してきた第2章，第3章の考察を踏まえた上で，さらに工夫をした「ある社会科教師の悩み」というパフォーマンス課題を設定しました。

この授業の全体構成は以下のようになっています。

①生徒はまず「ある社会科教師の悩み」というパフォーマンス課題を解く。

②この授業のパフォーマンス作品（成果物）自体が，「大正時代の日本と世界のまとめとして使えるパフォーマンス課題の作成」である。そしてその作品をコンペ方式のプレゼンによってベストパフォーマンス課題を選ぶ。

③最後に全員で，ベストパフォーマンス課題を考え，それについて討議を行う。

つまり「パフォーマンス課題の設定自体がパフォーマンス課題」になっているという特異な設定になっています。

「ある社会科教師の悩み」

私は中学校で社会科を教えている教師だ。

授業では私なりに工夫をしたり、ワークシートを使ったりして生徒に分かりやすく授業をしてきたつもりだが、最近は授業アンケートでも「覚えることが多くて苦手」とか「歴史なんて、どんな時に役に立つのかわからない」というような記述が目立つようになった。私はこれまでの暗記一辺倒の授業のやり方を変えようと思った。

悩んだ私は、生徒とともに考えたり、学んだりできる授業方法はないかと思い、情報をあつめた。その結果、「パフォーマンス課題」という学習課題を作るやり方があることを知った。「これだ！」と思った私は早速、ちょうど単元のまとめに入った歴史分野で、それを実践してみようと考えた。

しかし問題がある。それはパフォーマンス課題は特有の作り方があり、シナリオ仕立てで生徒に提示しなければならないのだ。これまでそんなことをしたことがない私は、これまでの学習課題とは全く違うことで戸惑ってしまった。

それに授業は明日だ。なんとしても今日中にシナリオを作りたい。時間がないのだ。
私は、焦る気持ちをおさえて、できるだけ冷静に授業のポイントを思いつくままメモにしてみた。それは3点に集約された。

①題材は「大正デモクラシーの時代」。この時代の様々な問題点をこの時代に生きた人々の困りや迷いという形で考えさせたい。ある事象について「賛成か反対」か、またはある問題について「AかBか」という選択肢を考えるという形に設定したい。

②想定するのは、大正時代の人物なら誰でもかまわない。歴史上の人物であっても、社会的な地位や職業であっても良い。

③本校ではロイロノートスクールを使用しているので、そのシンキングツールを活用して、互いの考えをシェアさせたい。できれば生徒の他の教科でも慣れているベン図（比較する）を使用させたいが、他でもかまわない。その場合には思考スキルに注意する。

さあ時間がない。パフォーマンス課題づくりに取り掛かろう。まずは大正時代の問題点の洗い出しからだ。

社会科の歴史的分野は特に，パフォーマンス課題やシンキングツールとの親和性が一番高いといわれる教科です。その単元のまとめの授業であれば，どの単元（時代）でもパフォーマンス課題の授業を設定し，さらにそれを生徒がつくるということが可能です。

　例えば「平安末期から鎌倉時代初期」が終わった単元で，「古代から中世への変化」ということでまとめ学習を行うとしても，

　①生徒がその時代の概観が理解できているか（出来事の順番や因果関係）

　②生徒がその時代特有の時代背景や権力構造さらに問題点などが理解できているか

　③その時代の前後の時代との関連性を表現できるか，何が変化し，何が変わらないか

などを授業のねらいとして，パフォーマンス課題をつくる授業ができます。

　生徒は，その題材つまりその時代の中で，①その時代の人物の立場で（多角的），②その時代特有の問題点や困りや迷いを（多面的），③シナリオ仕立てで考えて，文章表現をするということになります。

　さらにこの「ある社会科教師の悩み」の授業構想のように，ベストパフォーマンスを選ぶ活動を準備し，今度はその選ばれたベストパフォーマンス課題を使って，通常のパフォーマンス課題の授業を行うという２段重ねの授業デザインを作り出すことで，生徒は「つくる→選ぶ→解く」の新しい学びのループを体験することが可能となります。

　生徒自身が作ったパフォーマンス課題を互いに評価し，最もよいものを選ぶ。そしてそれをみんなで解くという学習過程は，「学ぶ主体者」としての自覚を促し，生徒にも教師にも有益な体験になるはずです。そしてこのような授業を１年に数度でも実践できれば，「主体的に深く学ぶ力」は格段に上がるはずです。

　下の図はこの授業デザインをベン図のラインを使って表したものです。左の円の①からスタ

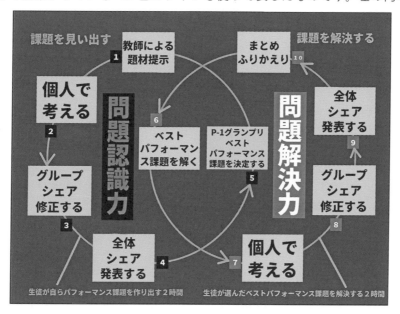

ートした学習は⑤までで問題認識力を高めさせるものになります。さらに連続して右の円⑥からスタートした学習により，今度は問題解決力を高めることができるようになります。課題を生徒がつくり，選び，共有するという左円の学習の取り組みから，右円で加速度的に学習を高みに昇華させていく様子を可視化した図です。

　では次に，単元まとめに「ある社会科教師の悩み」を配置した単元計画を示します。

対象：中学３年社会科歴史的分野「大正時代の日本と世界」

①単元目標の提示

　「わすれな草を完成させて，大正時代の日本と世界の関係やその時代特有の問題点とつながりを明らかにしよう」

②第１時「第一次世界大戦」

　　第２時「日本の参戦と経済成長」

　　第３時「国際協調と民族の動き」

　　第４時「大正デモクラシー」

　　第５時「関東大震災と社会問題」

　　第６時「大衆文化」

　　※これらの授業を，それぞれ毎回「わすれな草」に整理していく。わすれな草は自作のワークシート。花の形をしている６時間の授業の要点とその関連性を可視化できるので，シンキングツールの役割も果たしている。

③第７時「パフォーマンス課題をつくろう」

　「ではこの単元のまとめとして，みんなには新しいことに取り組んでもらうよ。それは今まで先生がつくってきた課題をつくってもらうということです」

　　※「ある社会科教師の悩み」を提示。

④第８時「事前トレーニング」

　「そもそもパフォーマンス課題って何？」

　「どうやってつくるの？」

　「クラゲチャートで練習しよう」

　　※スモールステップ第４時に示した事前トレーニングを単元計画の中に組み込んでいる例。

⑤第９時〜10時「パフォーマンス課題の自作」およびそのプレゼンの作成

⑥第11時「Ｐ−１グランプリ　ベストパフォーマンス課題を選ぼう」

　　※グループシェア・修正のちに全体で共有。

⑦その後の展開はベストパフォーマンス課題に全員で取り組むので，通常の学習展開と同じ。

⑧最後の「まとめと振り返り」は①〜⑦までの全体を含めたものをロイロノートで提出する。

実は，この題材例を「大正時代の日本と世界」としているのも理由があります。大正時代という時代の特性から以下のような多くの問題点や困りを抱えた人物が想定できるからです。

「こんなに多い１００年前の大正時代に困っていた人たち」
　大正時代は護憲運動などデモクラシーが花開き、みんなが政治参加していった時代。またそれだけに止まらず、自分の周りの様々な問題を掘り起こし、それを社会に提起し、積極的に運動するようになった時代。雑誌「改造」の時代。そのような世論や運動が、その先の日本の動向を決めた時代。

1　大正デモクラシーを推進し、護憲運動で普選を実現したい人たち
2　空前の好景気で成金が出現し、その後インフレとなりスラムもでき生活
　　が困窮してきた都市生活者(大戦後の不景気と増税)
3　女性解放（参政権、教育、職業婦人)運動をめざし、新婦人協会をた
　　ちあげた人たち（女工哀史、平塚らいてう、市川房枝)
4　劣悪な環境下で働く工場労働者や出稼ぎ労働者、労働組合の人たち
　　（労働争議　日本労働総同盟　蟹工船)
5　地主と対立し小作争議を起こしている人たち（日本農民組合)
6　小日本主義を唱え、日本の植民地政策を批判している人たち（柳宗悦)
7　被差別部落の人たち（全国水平社)
8　金融恐慌直前の銀行にお金を預けていた人たち（渡辺銀行取り付け騒ぎ)
9　シベリア出兵後、米価が高騰し、米問屋への打ち壊しを行った人たち（米騒動)
10　社会主義者や共産主義を唱える人たち（治安維持法)
11　関東大震災によって被災した人たち
12　震災後のデマで殺害されそうになっている朝鮮人の人たち（大川常吉)
13　「スペイン風邪」の流行で感染対策を急ぐ人たち

　右の図は「シナリオを作りこむ」ことの重要性を書いています。

　主人公の人物像を明確にするために設定を詳細にすることは，生徒の思考を助け，また前提条件を仕込むこともできるようになります。単純なシナリオほどワクワク感は少なく，意欲や動機づけにつながらないものです。

シナリオを作りこむとは
単純に複雑にする（長文にする）のではなく、困っている人物の性格や背景を明らかにして、人物の輪郭をはっきりさせること。困っている状況を詳細に示すこと。
そうすれば、生徒は具体的に考えやすくなる。その人物の考えや性格が頭に浮かぶようになり、自分を投影しやすい状況になる。そして自分事になる。

最後に，このような考察から，私自身が考えた「大正時代の日本と世界」のモデルパフォーマンス課題を紹介します。作りこんでいるので，その困っている様子が目に浮かぶはずです。

私の名前は園田良子。年齢は１６歳。高等女学校に通っている。今年は１９１９年（大正８年）である。家は代々続く医者で、私はその裕福な家庭で何不自由なく育ってきた。父純一郎は明治生まれ。４５歳。厳格な父は「女の幸せは結婚して子どもを産むことだ」「女は政治に口出しするんじゃない」が口癖だ。しかし帝大生の兄昭伍はそんな父に反発している。兄は帝大の社会主義運動を進める「新人会」に参加し、普通選挙運動をしているようだ。

一方、私たち女性は、治安警察法で女性の政治参加は禁止されているので、私の学校でも「良妻賢母」を育てるということが校訓になっていた。だから私も卒業後は父母の言う通りに、良い縁談を得て、結婚するつもりだった。

しかしある時、私は女学校の友人に誘われて初めて「婦人労働大会」に参加した。そこには平塚らいてう先生や市川房枝先生もいて、壇上で女子工員の人たちが、その悲惨な労働環境を訴えていた。それを参加者がみんな涙ながらに聞いている。私は衝撃を受けた。家に帰ってからも、ずっとその光景が頭から離れず、いつしか私は「その人たちのために私は一体、何をしたらいいのだろうか」と考えるようになった。

そして悩み続けた結果、私は自分の意志で、女学校を卒業した後は、父母の勧める縁談を断り、小学校教師になって働くことを決めた。そして婦人解放運動（女性参政権獲得。女性の社会進出。男女平等）を自分の「生きる道」にすることにした。

しかしそのためには、あの厳格な父を説得しなければならない。父に歯向かえば、勘当されるかもしれない。今まで育てていただいたご恩を疎かにしたいわけでもない。それに母は泣くかもしれない。どうすればいいのだろうか。父や母に何をどう話せばいいのだろうか。悩み抜いた私がたどり着いた答えは次の３点を、きちんとわかってもらうことだった。

　　①なぜ今（大正時代）の日本に婦人解放運動が必要なのか。その理由や問題点。　　クラゲチャート
　　②そのために私たちは何をしなければならないか。意識改革と具体的な運動。その手順。ダイアモンドランキング
　　③そしてなぜそれに取り組むことが私の「生きる道」なのか。私の考える夢とその可能性。ウェビング

この３点をしっかり父母に説明できれば、きっと父母もわかってくれるに違いない。
私は深夜、決意してペンと紙を持ち、机に向かった。明日の朝、話すために。

父を説得するプレゼンを行う。

　ここでは，それぞれの課題に対応するシンキングツールを想定しました。これをロイロノートで作成し，「父親の説得」（主張）というプレゼンを行うというものです。もしこのパフォーマンス課題がベストパフォーマンス課題に選出されれば，前述のベン図の右円ループの学習活動は，このパフォーマンス課題からスタートするということになります。

ロイロノート・スクールの進化

　これまで本書で，紹介してきたロイロノート・スクールは，ユーザーとなる全国の先生方の実践の中で，新しい活用方法などが作り出され，日々更新されています。またそのような先進的な取り組みは，年に数度のユーザー会やLEG（ロイロノート　エデュケーター　グループ）という地域組織で交流が行われています。ぜひ参加してみてください。

　さてここではそのような日々進化しているロイロノートの新しい実践や機能を3つほど紹介します。

1 │ 授業案をシンキングツールで簡略化，可視化

　前述したユーザー会では，参加者が1日でシンキングツールを活用した授業案を1本作り上げ，それを検討するという形で授業づくりの方法と実践を体験できるようになっています。その中で生まれたのが，授業案自体を1枚のシンキングツールで表そうという試みです。プロット図「要約する」を使った授業デザインづくりが，すでにスタンダードになっています。これは授業の流れが非常にわかりやすく，他教科であっても授業のポイントを把握できて，好評です。さらに私は，ベン図を使ったループ図で授業デザインをすることも行っています。

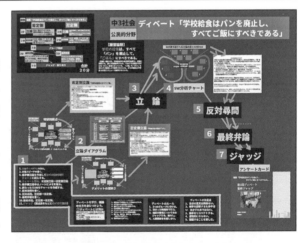

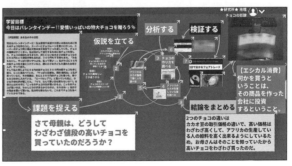

2 | テストカード，アンケートカードによるＣＢＴ化

ロイロノートでテストやアンケートを実施し，それを瞬時に共有する機能が追加されています。この機能により，前時の復習テストや単元末テスト，授業導入時のレディネスアンケートなど今までにないロイロノートの使い方ができるようになりました。右の図はベン図に５つのテストカードを添付して生徒に配布するテスト対策カードです。自分で好きな時に模擬

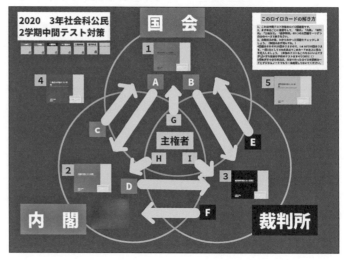

テストを行い，瞬時に正解率を把握し，解説を読むことができます。この機能は授業中にも使えるので，５分間テストなど紙で配布するよりもずっと簡単に行うこともできます。もちろん教師にはどの生徒がどこを間違えたかも把握することが可能です。テストカードはロイロノートの使い方をこれまで以上に広げました。

3 | 共有ノートでリアルタイム共有化

最後に共有ノートの機能です。通常ノートは個人だけ閲覧作成が可能ですが，この共有ノートを使えば，作成者の許可があれば，複数の参加者が同時に書き込むことができます。共有ノートにはいろいろな使い方が考えられますが，例えば一緒にゲームを楽しむこともできます。オンラインゲームですので場所を選びません。このようにロイロノート・スクールは，日々これ

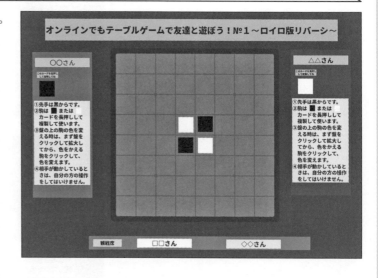

からの授業文化の創造にも効果的なアイテムへと，進化を続けています。

おわりに

　2020年からの続くコロナ禍により，私たちの教育環境は大きく様変わりしました。その中でも「負の遺産」ばかりではなく，オンラインや配信動画による授業，教育クラウド・プラットフォームの登場など，これからの日本の教育を変えていくツールやアイテムを手に入れることもできるようになりました。

　執筆中の2022年3月。世界情勢は混沌とし，私たち教師が常に意識し，生徒たちとともに追究してきた「国際協調」「世界平和」などのSDGs17のゴール達成さえも，岐路に立たされている状況です。

　常に今という時代を意識し，「今の時代を生きるのに何が必要なのか」「今からの時代を生きぬいていくのに何が必要となるのか」それを考える授業が「今こそ」必要なんだという想いや焦りをこの平和な日本でも感じている先生方は多いと思います。

　私が本書を書こうと思った動機は，これからの時代を生徒ともに担っていく先生方に，この難題に取り組む授業や「答えのない時代を生きぬく力」が育つ教育実践をなんとか応援できないかと思ったからです。

　本書のワクワクするパフォーマンス課題とロイロノート版シンキングツールは，これからの授業文化，とりわけ先生と生徒が，授業で「協働」ではなく「共同」を行うために必要なツールだと思います。その活用の中から，きっと「明日への希望」や「未来への展望」が開けてくると確信しています。

いつでもワクワク授業づくりは先生が先で，生徒が後。 先生が笑えば，生徒は笑う。 　先生が冷めていたら，生徒は熱くはなれない。 だから先生が授業にびっくりするくらい工夫すれば， 　生徒は必ずそれに応えてくれる。 先生が現状維持の授業ばかりで何も変えなければ， 　少なくとも授業中の生徒には何の変化も起きない。 先生自らがこれから心から楽しいぞ，これ追求したいと 　思わなければ，生徒はノリようがない。 「なんだか，先生が一番楽しそうでしたね」 そういう授業後の感想があれば，その時間は先生も 生徒も「幸せな時間」だったということだ。 いつでもワクワク授業づくりは先生が先で，生徒が後。 生徒を変えたいなら，まず先生自身が変わるべきだ。

これからの新しい授業文化では， 授業者がまずクリエイターで，パフォーマーで あればいい。そうすれば生徒も自ずとそうな る。混沌とした「答えのない」未来を切り開く にはそうならざるを得ないからだ。 未来の教育も社会も，授業者と生徒の 「想像性imagine」と「創造性create」 　　　　　　　　　　　　の経験値で決まる。 だから学校で教える一番大切なことは 　　　　　　その「想像性と創造性」のはずだ。 これからの社会で試し，試されるのは 　　　　　鍛えられた「想像性と創造性」だからだ。

　それは，新しい授業は新しい文化，新しい先生と生徒との関係から生まれてくるのだと信じているからです。本書が少しでもそのお役に立てるのなら，この上なく幸せです。

　最後になりましたが，拙い実践を世に出す素晴らしい機会を与えてくださった明治図書出版の皆様，とりわけ編集担当の及川誠氏に，この場をお借りして心からお礼申し上げます。

立石俊夫

【著者紹介】
立石　俊夫（たていし　としお）

1959年大分県生まれ。立命館大学文学部史学科日本史学専攻卒業。1983年より大分県公立中学校社会科教諭として勤務。以来38年間，現場一筋で授業実践を積み上げ，それらを全国の先生方に発信。2014年よりロイロノートを活用し始め，ロイロノート認定ティーチャー，シンキングツールアドバイザーとして全国各地で模擬授業およびセミナーを行う。
2021年3月退職。現在もオンライン講師を務めている。

ロイロノート版
シンキングツールで授業を変える！
わくわくパフォーマンス課題づくり

| 2022年9月初版第1刷刊 | ©著　者 | 立　　石　　俊　　夫 |
| 2024年1月初版第4刷刊 | 発行者 | 藤　　原　　光　　政 |

発行所　明治図書出版株式会社
　　　　http://www.meijitosho.co.jp
　　　　（企画）及川　誠（校正）杉浦佐和子
〒114-0023　　東京都北区滝野川7-46-1
振替00160-5-151318　　電話03(5907)6703
ご注文窓口　　電話03(5907)6668

＊検印省略　　　　　組版所　株式会社アイデスク

Printed in Japan　　　　　　　ISBN978-4-18-245525-4
もれなくクーポンがもらえる！読者アンケートはこちらから